U0500203

乡村小规模学校的生存与发展

任春荣　左晓梅　等著

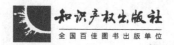

知识产权出版社
全国百佳图书出版单位

图书在版编目（CIP）数据

乡村小规模学校的生存与发展 / 任春荣等著 . —北京：知识产权出版社，2019.9

ISBN 978–7–5130–6350–0

Ⅰ . ①乡…　Ⅱ . ①任…　Ⅲ . ①农村学校—学校管理—研究—中国　Ⅳ . ① G725

中国版本图书馆 CIP 数据核字（2019）第 131275 号

内容提要

本书以实现乡村振兴为目标，坚持乡村文明与城市文明同等价值的理念，围绕保障基本发展权和尊重乡土特征分析了乡村小规模学校发展现状和发展策略。本书从学校如何完成法定任务并缩小城乡教育质量差距，如何与社区的融合促进学校和乡村的共同发展，全面探讨乡村学校环境应该怎样建设出乡村之美、现代化背景下教育装备怎样满足乡村师生生活、学习和发展的需求、教师配置问题与教师发展权、课程与教学怎样适应小班特点并满足学生综合素质培养需求、学校管理怎样适应小校特点，以及其他国家的成功经验。

责任编辑：刘晓庆　　　　　　　　　　　　　责任印制：孙婷婷

乡村小规模学校的生存与发展

任春荣　左晓梅　等著

出版发行	知识产权出版社 有限责任公司	网　　址：http://www.ipph.cn
电　话：010–82004826		http://www.laichushu.com
社　址：北京市海淀区气象路 50 号院		邮　编：100081
责编电话：010–82000860 转 8363		责编邮箱：liuxiaoqing@cnipr.com
发行电话：010–82000860 转 8101		发行传真：010–82000893
印　刷：北京虎彩文化传播有限公司		经　销：各大网上书店、新华书店及相关专业书店
开　本：787mm×1000mm　1/16		印　张：16
版　次：2019 年 9 月第 1 版		印　次：2019 年 9 月第 1 次印刷
字　数：198 千字		定　价：58.00 元

ISBN 978–7–5130–6350–0

出版权专有　侵权必究

如有印装质量问题，本社负责调换。

序　言

　　我们长期从事农村教育政策研究和咨询工作，深深感受到了国家政策的发展和演变：从 20 年前关注规模效益，希望有限的经费能让更多的学生受益，到今天乡村小规模学校成为政策焦点。多年来，我们一直以各种形式与小规模学校相伴。例如，学校布局调整、教师流动、扶贫项目、中西部教育发展、营养改善计划、县域义务教育基本均衡发展督导等研究，都涉及小规模学校的生存与发展。从 2013 年起，我们开始开展专题研究，2016 年设置了课题开展全面研究。我们去各地调研尽尝甘苦。我们在老区村长家里吃野菜，亲耳听到村长的爱人说"你们城里人真会吃，这都是我喂猪的"；我们夏日夜宿水库边倾听蛙鸣，数天上的星星；东北的寒冬里，我们坐在学校的热炕上与老师聊天，享用着学生种的胡萝卜；我们看到家长为孩子要去寄宿流泪却爱莫能助；我们感慨于教师长期一人独守学校，心疼教师的疲惫不堪；我们为孩子们能多有一些活动而着急；我们也为教师的自主创新、村主任办学的积极性提高和教育管理者的努力而振奋。结合 11 省的问卷调查，我们分析了乡村小规模学校生存的不易及发展遭遇的各种瓶颈，并试图从地方探索的鲜活经验、国际经验来寻求更多的有效举措和方案。

本书为2016年度中国教育科学研究院基本科研业务公益金项目"城乡一体化背景下农村小规模学校发展状况调查研究"（课题批准号为010120160089）成果之一，梳理了整体研究背景、探讨了小规模学校的发展定位与权利，从基础设施建设与环境、教育装备配置与使用、教育信息化推进、教师资源配置与发展、课程教学与班级组织、学校管理等方面对发展现状做了深入梳理与分析，并提出相应的改进路径与对策，最后总结了国际推进乡村小规模学校的建设与发展的经验。

本书依据学校规模而非学校行政属性划定研究对象，符合学校办学规律，有助于推动学校间平等发展。本书在研究立场上，尊重偏远乡村弱势人口就近入学的权力，视野上重视乡村振兴战略为小规模学校带来的发展契机和发展任务；研究内容上，关注乡村师生的平等发展权及其保障的可持续性，讨论教育质量和资源使用效率的提升，从校舍环境建设到课程教学安排各个方面挖掘小规模学校相对于大规模学校的优势和特点，树立乡村小规模学校的价值自信，从追随城镇学校的发展模式转向个性发展之路。

本书由中国教育科学研究院教育督导评估研究所研究人员及相关领域专家合力完成，书稿整体构想、写作框架和组织编写工作由任春荣负责。各章节具体分工：第一章第一节由吴建涛、任春荣撰稿、第二节由左晓梅撰稿、第三节由任春荣、左晓梅、吴建涛撰稿，第四节由任春荣撰稿，第二章由任春荣撰稿，第三章由程蓓撰稿；第四章、第五章由左晓梅撰稿；第六章由武向荣撰稿；第七章由张文静撰稿；第八章由燕新撰稿；第九章第一节由武向荣撰稿、第二节由任春荣、左晓梅撰稿，第三节 Eduardo Velez Bustillo 与 Vicky Colbert 撰稿（原文为英文，左晓梅、张文静参与翻译，任春荣校对）。全书由左晓梅、任春荣统稿。参与课题调查、调研等研究工作的还有余蓉蓉、史亚娟。

　　在书稿的写作过程中，中国教育科学研究院的领导及有关专家给与了支持和精心指导，有关样本地区协助完成调查调研工作，在此一并表示衷心的感谢！最后，特别致谢张彩云所长对本课题研究结题工作的大力支持。

课题主持人　任春荣

2019 年 3 月　北京

目　录

第一章　绪　论

一、研究背景

（一）乡村小规模学校的政策变革

乡村小规模学校是位于农村地区在校生 100 人以下的小学，在部分文件里被称为"村小"或"教学点"，国家教育事业统计没有"小规模学校"这一统计口径。因此，本书对涉及国家统计数据的，采用教学点来描述。教学点的发展经历了几个阶段，2001 年以前，为普及义务教育满足学生的入学需求，教学点数量增加较多，2000 年达到 17.81 万个。2001 年，以规模效益为导向的学校布局调整政策出台，教学点比上年锐减 36%，随后教学点数量逐年下降，减少的速度要快于农村常住人口减少的速度（任春荣，2015）。小规模学校被视为"临时性"教学机构，建设滞缓、办学条件匮乏、管理缺位。小规模学校撤并及发展停滞会导致农民负担加重、学生安全、辍学和影响社会稳定等一系列问题。2012 年,《国务院办公厅关于规范农村义务教育学校布局调整的意见》颁布,小规模学校数量出现了反弹。

2012 年是我国小规模学校发展的一个政策拐点。《国务院办公厅关于规范农村义务教育学校布局调整的意见》提出:"处理好提高教育质量和方便学生就近上学的关系,努力满足农村适龄儿童少年就近接受良好义务教育需求。"这个文件首次提出办好村小学和教学点,并规定:"对学生规模不足 100 人的村小学和教学点按 100 人核定公用经费,保证其正常运转。"2013 年,《教育部关于进一步做好村小和教学点经费保障的通知》指出:"村小学和教学点是农村义务教育的重要组成部分,必须得到全面保障。"但是,县域义务教育基本均衡发展督导评估指标体系还没有将教学点纳入均衡差异系数的评估中。

2016 年以来,小规模学校迎来了发展契机。《国务院关于统筹推进县域内城乡义务教育一体化改革发展的若干意见》提出,应办好必要的乡村小规模学校;完善乡村小规模学校办学机制和管理办法;制定和完善有关办学标准。2017 年,《县域义务教育优质均衡发展督导评估办法》将 50 人以上的小规模学校纳入硬性指标评估范围。2018 年,《国务院办公厅关于全面加强乡村小规模学校和乡镇寄宿制学校建设的指导意见》为小规模学校的发展提出了全面的指导性意见。

发展乡村小规模学校是落实《中华人民共和国义务教育法》保障农村人口就近入学权利的重要途径,是培育农村人力资本和打破贫困代际传递的基础保障。在新时代国家提出的振兴乡村战略的大背景下,小规模学校的发展现状和发展基础,以及如何发挥它们的更大价值都亟待我们研究。

（二）乡村小规模学校建设与发展的制度困境

1. 乡村小规模学校属性不清

《国务院办公厅关于全面加强乡村小规模学校和乡镇寄宿制学校建设的指导意见》将乡村小规模学校界定为不足 100 人的村小学（以下简称"村小"）和教学点。我国村小、教学点是行政部门对学校规定的属性，并与一定的行政权力挂钩。因此，小规模学校的定义将数量和性质两个维度融合在一起。目前，国家层面对教学点和村小没有统一的界定。村小在政策文件中经常出现但是在全国教育事业统计中没有该类学校属性。教学点学校没有独立的学校法人资格，全国教育事业统计中将其界定为不计入校数的教学机构，很少包括在学校绩效评价和督导检查工作范围中，这也给地方落实教学点有关政策留下了弹性。

2. 办学标准研究和制定处境两难

《农村普通中小学校建设标准》对 120 人以下的学校没有做出明确规定，各类中小学教学装备标准也没有明确规定小规模学校的配置。中小学建设标准和教学装备配置标准完全由地方决定是否适用于教学点。办好村小和教学点是 2012 年以来国家一系列文件不断重复的要求，涉及几个方面，包括基本办学条件、公用经费、教师配置、课程、信息化和管理，但缺乏对有关"办好"的明确的硬性规定。乡村小规模学校仍旧面临条件落后、教师数量不足和质量不高、课程开不齐、经费被侵占、管理松懈等问题。由于现有教育类建设标准主要服务于规模较大的学校，对小规模学校不适用，为全面推进义务教育学校标准化和城乡一体化，《国务院办公厅关于加快中西部教育发展的指导意见》《国务院关于统筹推进县域内城乡义务教育一体化改革发展的若干意见》提出办好必要的乡村小规模学校，制定完善乡村小规模学校（含教学点）的办学标准。《关于全面加强乡村小规模学校和乡镇寄宿制学校建设的指导意见》再次提出保障小规模学校的发展，完善办学标准。

部分省市先试先行，制定了本省市小规模学校办学标准。如湖南、新疆较早出台了省级教学点标准，部分省在省标中涉及相关内容，部分省要求地市自己制定教学点标准。总体来说，已经制定出台的标准较为笼统，缺乏指导性，有的标准过低、过于落后，不能起到缩小城乡差距，提高小规模学校办学水平的作用。因此，应该怎样制定小规模学校办学标准也是难题，标准过高将导致标准无法执行，标准过低将导致不公平合法化（任春荣，左晓梅，张文静，2018）。

（三）研究立场与研究问题

任何研究问题和对策的提出都是基于一定的研究立场。本书研究乡村小规模学校的生存和发展问题，坚持以下立场：应当保障农村学龄人口就近入学的权利；小规模学校相对于大规模学校也具有独特优势；乡村文化与城市文化具有同等价值。本书将从学校办学现状、效率和期望三个角度分析乡村小规模学校的生存现状和发展路径。本书主要研究问题包括以下内容。

小规模学校为谁服务？学校自主发展权力有多大？如何建立小规模学校自主发展的长效机制？如何与社区融合促进学校和乡村的共同发展？

学校的校舍等硬件条件差在哪里？乡村学校环境应该怎样体现乡村之美？

现代化背景下的教育装备条件差在哪里？怎样满足乡村师生生活、学习和发展的需求？

教师怎样看待小规模学校的教师配置问题与教师发展权？

课程与教学怎样适应小班特点并满足学生综合素质的培养需求？学校管理怎样适应小规模学校的特点？

小规模学校相对于大规模学校有哪些优点？在乡村振兴战略背景下，学校的建设和发展应该采取什么策略？

二、研究现状

（一）乡村小规模学校的界定

目前，人们对小规模学校还没有完全形成共识。教育部基础司有关文件使用"小规模学校"较多,而教师司同期文件中仍旧使用"村小""教学点"。村小、教学点既有规模的含义，也有学校性质的含义。村小、教学点和小规模学校不仅有交叉，而且绝大部分重叠。

国外关于小规模学校的界定主要从小规模学校的地理位置、教室数量、教师数量、班级数量、学生数量及学生年龄等几方面进行界定。从地理位置来看，劳伦斯（Laurence）和诺尔玛（Norma）对斯里兰卡、越南、印度等小规模学校进行研究认为，小规模学校一般坐落在偏远农村或小型村落。从学校内部要素来看，美国对小规模学校的定义有所变化。在 20 世纪前半期，美国认为只有 1 间教室、1 个教师并且学生人数少于 50 人的学校是小规模学校；到了 1959 年，美国教育家柯南特（Conant）提出小规模学校是毕业班人数不及 100 人的学校；而现在，小规模学校的标准变成了"小学注册人数少于 300 人"（张雪艳，2012）。马克兰（Markland）从学生人数和年龄两个角度对小规模学校进行界定，即小规模学校是学生人数少于 50 人并且学生年龄介于 6~13 岁的小型学校；印度从教室、教师和学生三方面对小规模学校进行界定，分别是教室不到 2 间，教师少于 3 人及学生少于 3 人；马尔奇（Mulchy）通过对加拿大小规模学校的研究表明，在加拿大，绝大多数的小规模学校的学生人数都不及 100 人，有些学校的学生甚至只有 10~20 人（赵丹，2012）。从以上研究可见，尽管各国对小规模学校学生人数的界定有所差异，但总体来说小规模学校具有以下三个特点：学生人数偏少；地理位置多处于人烟稀少、交通不方便、人员不集中的偏远乡村地区；属于不完全建制学校。

学术界对小规模学校的界定标准包括复式教学特征。在日本，复式小学等于小规模学校，这类学校学生人数少，均含复式班。在韩国，小规模学校指因学校适龄学生数量过少而把 2~3 个年级编制成一个班级进行复式教学的学校（张雪艳，2012）。这一标准的不足在于复式教学与学校规模小并不完全对应，在教师短缺的较大规模学校也常采用复式教学形式。

"小规模学校"在国内并没有成为一个通用的概念，教育部不同司局也使用不同的概念。从文献来看，2008 年，浙江省衢州市教育局局长姚宏昌在发表的文章《农村小规模学校路在何方》指出："小规模学校存在于我国乡村地区，它们普遍存在地理位置分散、办学条件差、师资水平不高、教学质量较差等问题，这类学校的班级数量通常在 6 个以下。"这是国内第一次使用"小规模学校"的概念。自此之后，国内学者纷纷开始对小规模学校进行界定。雷万鹏从我国义务教育学校布局调整的实践出发，提出"少于或等于 100 人的乡村学校就是我国的小规模学校"（雷万鹏等，2011）。姜振栋等认为，"农村小规模学校就是农村小学的学生规模不多于 240 人的学校"（姜振栋等，2015）。从政策来看，中央文件第一次出现"乡村小规模学校"的概念是在 2015 年 10 月由国务院发布的《关于进一步完善城乡义务教育经费保障机制的通知》。该文件强调要慎重撤并乡村学校，积极探索乡村小规模学校的办学机制和管理办法，保障附近的孩子就近接受教育。教学点和村小是我国小规模学校最常见的形式。范先佐等认为："乡村教学点是我国的小规模不完全学校，它们地处偏远的、贫穷的、人烟稀少的、交通闭塞的乡村地区，采用复式教学法进行教学。"农村教学点是一种特殊的办学形式，具有典型的特征：第一，地处偏远；第二，规模小；第三，教学形式灵活；第四，办学条件差（范先佐等，2011）。结合国内外学者对小规模学校的界定，可以发现小规模学校具有以下两个特征：第一，从地理位置来看，小规模学校通常位于交通不便、人口不集中的偏远的贫困乡村地区；第二，从学校内部要素来看，小规模学校的学生人数不及 100 人。凡是满足以上两个特征的学校，在本书中都被认定为小规模学校。因此，教学点和不完全建制的村小都属于小规模学校的范畴。

就国家及各地办学标准对农村小规模学校（包括教学点）的界定而言，在《农村普通中小学校建设标准》中没有涉及教学点的任何信息，文件里学校类型中最接近教学点的教学机构类型是非完全小学（以下简称"完小"），规模为 4 班 120 人，超出了多数教学点的规模。在出台教学点标准的地方中，一半以上的并没有明确界定教学点。对其有所界定地方标准中，一个共同点在于 1~6 年级建制不全，但对于在校生规模缺少明确界定。不同地方的界定也不尽相同。浙江省规定设置小学教育教学点的基本控制标准是年级不完整且办学规模不足 100 人。广西壮族自治区新出台的标准将小学教学点界定为在行政或教学管理上隶属于乡（镇）中心学校或村完小管理，并具备以下条件之一：达不到小学 1~6 年级完整建制；在校生规模不足 100 人。山西省则规定为方便学龄儿童就近入学，在小学校本部以外设置的小规模教学单位（含巡回点和下伸点），应同时符合以下四个条件：达不到完全年级；只有小学低段年级（三年级以下）或只有三个以下年级且每个年级人数不超过 10 人；学生总规模一般不超过 30 人；在行政管理上从属于某一中心学校或者完小。

（二）乡村小规模学校的定位与发展

联合国教科文组织专家安格拉·利特（Angela W. Little）曾指出，"小规模学校的作用体现在三个方面，即扩大受教育机会、促进学习者认知水平的提高，以及对学习者在社会和个人发展方面的更大范围的积极影响"（赵丹等，2012）。自 20 世纪 90 年代以来，西方有关学校规模的实证研究表明，小规模学校更有利于学生公平学习；更利于学生自我发展；更有利于完善教师行为；更有利于完善学校内部组织结构（章婧等，2010）。针对偏远农村教育发展的状况，各国政府认为小规模学校是方便偏远学生就近入学、扩大教育机会的重要教育模式。

总体来看，小规模学校存在有其特殊的价值。

一是促进教育公平。从世界范围来看，那些居住在偏远、落后地区的儿童大多没有接受过教育，小规模学校的设立可以保证这些儿童受教育的权利，对于实现教育公平具有重要的作用。小规模学校并不是一个过渡的教育组织形式，也不是被教育现代化淘汰的落后形态。它将长期存在于国内，为农村部分弱势家庭适龄儿童提供教育机会，是教育公平的体现。

二是提升教育质量。与大规模学校相比，小规模学校更容易促进学生学习，提高学生的学业成绩。以哥伦比亚的小规模学校为例，罗哈斯（Rojas）研究发现，在西班牙语和数学两门学科中，小规模学校三年级的学生的成绩要比大规模学校同年级的学生要高；同时，韦布（Webb）等人认为，乡村小规模学校有助于培养学生的合作和自学能力，可以突出学生的主体地位，从而提高教学质量。另外，凯瑟琳·科顿（Kathleen Cotton）从课程质量、学生出勤率、辍学率和教师态度等方面对大、小规模学校进行对比，也证明了小规模学校学生的学业成绩要优于大规模学校学生的学业成绩（赵丹等，2012）。国内关于小规模学校学生学业成绩的研究较少。刘善槐、史宁中通过对西南某县的学校进行问卷调查分析发现，国内小规模学校学生的学业成绩与其他学校学生的学业成绩相比，存在诸多问题，尤其体现在语文和数学学科。首先，小规模学校的学生语文、数学成绩明显偏低；其次，数学学科相对来讲比较弱；最后，语文和数学的各种应用能力较差（刘善槐等，2011）。这与国外的研究结论完全相反。其原因在于，发达国家的小规模学校或者小班教学是主观设置的，目的在于满足学生对于学习的个性化需求，有足够的教育经费；而我国的乡村小规模学校是由于历史、经济等因素而客观存在的，通常存在教育经费不足、教育质量低下等问题。

三是传承乡村文化。小规模学校坐落在乡村，与社区和家庭关系紧密，可以获取丰富的乡土文化和自然资源，有利于开展生活化、乡村化、社区化的教育，将小规模学校根植于乡土文化中，让小规模学校成为乡村的"文化高地"，成为乡村文化的传承者。米勒（Miller）等人指出，乡村小规模学校作为乡村地区主要的办学形式，掌管着偏远乡村地区的教育，是当地社区的核心所在，具有凝聚的作用。澳大利亚学者帕特丽夏（Patricia）发现，乡村小规模学校对于社区群众来说是文化的代名词，它传承着社区文化，对认同社区文化的居民有着巨大的凝聚力，有利于维护社区的稳定（赵丹等，2012）。国内学者王海英认为，农村学校布局调整导致的小规模学校减少使乡村文化空缺、衰落，加速了乡村社会的解组。然而，小规模学校的急剧减少，使乡村的文化失去了有效的载体，琅琅的读书声不复存在，乡村成为"文化沙漠"（王海英，2011）。

杨东平教授认为，农村小规模学校满足了农村部分没有能力进城上学的弱势家庭的教育需求；从世界范围看，由于地理条件和环境所致，世界最发达的国家都存在小规模学校，小班、小校将是未来学校的发展方向（杨东平，2016）。西北师范大学白亮提出，在许多偏远山区，农村学校往往是村落中唯一带有文化韵味的标志性建筑，哪怕一个小小的教学点，也是现代文明的重要代表（白亮等，2011）。

（三）乡村小规模学校的现状与困境

于海英、秦玉友从城乡教育一体化的视角来分析农村小规模学校问题，从运作特征出发，分析了小规模学校可以放大的优势，包括促进学生发展、增强教师责任，以及不可以放大的优势，包括学校管理、社会成本效率；同时，他们还分析了其可以避免的劣势，包括办学条件、教师和教学困境，以及无可避免的劣势，包括地理位置偏僻、对外交流与合作经费花销大（于海英等，2012）。郑雅萍分析了新型城镇化下我国农村小规模学校存在的问题，包括农村小规模学校独立身份不明确、点多面广，办学条件不规范，教育投资力度亟待加强；课程开设面临开齐与上好的矛盾，存在全科教学与专业纵深发展困境；农村教师队伍建设面临严峻挑战，优秀教师资源流失严重，培训机会被剥夺现象严峻且针对性不强；教师教育信息化现状亟待改善等（郑雅萍，2015）。国外规模效益理论认为小规模学校主要存在三方面的问题：一是生均管理成本较高；二是生均教育成本较高；三是无法提供学生所需的全部知识和课程。

总体来看，小规模学校主要存在以下三方面的困境。

一是师资问题突出。现有研究普遍认为，教师是小规模学校教育质量提升的关键因素。作为学校的核心人物，小规模学校教师队伍也成了学者们关注的重点对象。王路芳等通过问卷法和田野调查法对不同地区的小规模学校进行的调查发现，小规模学校教师队伍存在以下问题：① 教师编制紧缺，人数不够；② 教师年龄结构不合理；③ 教师工作时间长，工作量大；④ 教师工资福利待遇差；⑤ 教师培训机会少，层次低；⑥ 小科教师缺失严重；⑦ 教师结构两极分化，老龄化与新手化并存；⑧岗位缺乏吸引力，教师职业倦怠严重。

二是基础设施差。学校基础设施是教学得以实施的物质基础与前提条件。然而，大部分的小规模学校的教学楼、运动场、厕所等基础设施十分陈旧简陋，很难达到国家规定的标准。有研究者对湖北省60余所小规模学校实地考察发现，小规模学校大多处于交通不方便的偏僻村落中，学校校舍破旧，缺乏远程教学设备和图书资料。同时，在资源的配置中，小规模学校也经常被边缘化，学校办学条件得不到改善，常常不能满足日常教学的需求。

三是教育经费短缺。在我国，由于小规模学校生源太少，行政结构不完整，它们通常隶属于中心校。因此，小规模学校的教育经费也由中心校统一管理和拨付。然而，在实际的操作中，部分小规模学校并没有及时得到它应有的教育经费，中心校常常拖延教育经费拨付的时间，甚至挪用小规模学校的教育经费。最明显的就是国家规定给学生人数没有超过100人的村小和教学点按照100人的标准拨付教育经费，但是部分中心校并没有落实。另有研究显示，小规模学校的教育经费主要有两个来源：一是财政拨款，占小规模学校年度总收入的99.5%；二是专项经费，仅占0.5%。无论是前者还是后者，小规模学校都比非小规模学校少很多。可是，就是这少得可怜的经费也经常遭遇"打白条"，很多小规模学校不得不自己先垫付（雷万鹏等，2014）。牛倩在对甘肃省某县的调查中发现，大部分小规模学校经费紧张，甚至还存在着欠债的情况（牛倩，2014）。

（四）乡村小规模学校发展的对策与建议

李跃雪、邬志辉的研究认为，基于国际经验，可通过以下几种方式发展农村小规模学校：一是增加教育投入，完善乡村学校办学条件；二是共享教育资源，实现乡村学校协同发展；三是开展非正规教育，提供灵活化的乡村教育；四是健全激励机制，提高乡村教师队伍质量；五是重视学生资助，让乡村学生获得充分发展（李跃雪等，2016）。

华中师范大学的王路芳等团队基于 20 省区农村小规模学校调研提出对策建议，包括制定因地制宜的具有可操作性的政策；建立健全经费"划拨—分配—监管—筹措"的一体化机制；建立家校村社会全员参与的建设机制；加大小规模学校的建设力度（王路芳等，2014）。

华中师范大学的雷万鹏和张雪艳则对农村小规模学校提出"科学定位、分类发展"的政策，以公正的程序对农村小规模学校进行准确定位，对不同类型的小规模学校采取分类发展政策。① 对于需要关闭的小规模学校，应在学生分流、校车服务、校产处置等方面实施配套政策；② 对于过渡期保留的小规模学校，应在校舍稳固、儿童安全、师资供给等方面保障儿童合法权益；③ 对于永久保留的小规模学校，应当在经费投入、师资配置、基建设施和学校管理方面实施倾斜性的政策，促进农村小规模学校的特色化发展（雷万鹏等，2011）。

三、研究方法与过程

（一）研究方法与思路

本书综合运用文献研究法、田野调研法、问卷调查法等方法，以全面地了解小规模学校发展的现状和需求，并通过国际比较，了解我国小规模学校发展定位和政策的优缺点。

田野调查和问卷调查对调研及调查对象的选择考虑了不同利益相关者群体的不同声音。例如，被服务对象学生和家长、教师和校长、其他基层管理者的需求和建议，政策制定者的看法，以及专家的意见建议等。

设计调研抽样时，本书考虑了不同性质和规模的学校，通过学校之间的比较明确哪些是小规模学校的特征，哪些是农村学校共同的特征，以提高小规模学校发展建议的针对性和科学性。

依据学校去行政化的时代要求，根据学生数量对学校进行分类管理更为科学，本书的数据分析过程多数情况下使用小规模学校概念，但是家长和学生往往说不清学校的学生数量，学校性质则往往反映在学校的名称上。因此，在家长、学生问卷中无法区分学校人数的情况下，本书采用教学点、村完小和乡镇中心学校方式对学校进行分类。

课题组对全国东中西部地区 11 个省 33 个县的农村小规模学校发展状况开展了问卷调查和实地调研。样本区县的选择考虑了小规模学校数量、经济发展程度、地形等因素，参与调查的学校类型划分采取了两类办法，一类是以 100 人为分界点划分学校规模；一类是按照学校行政属性划分，包括乡镇中心学校、村完小和教学点。立足于保底部、提效率和促质量，调查内容包括办学现状、师生需求、办学条件使用效率和内涵发展等方面；调查对象包含校长、教师、学生和家长。共收回有效县级问卷 32 份、校长问卷 443 份、教师问卷 4216 份、学生问卷 4926 份、家长问卷 5388 份。

（二）工作过程

第一，建立多层次、多领域融合的研究团队。为保障研究质量，课题组按领域和地域组建了一支强大的研究团队，包含基建、装备、教师发展、课程教学、管理及特殊教育领域学者。在研究过程中，课题组多次召开专家咨询会和研讨会，完善研究的实施方案和研究关键问题，落实研究工作改进建议。

第二，开展文献分析。调研人员对有关国标、行业标准和地方标准，以及相关政策、研究文献进行梳理。

第三，实地调研。课题组实地调研河北、吉林、湖北、广西4个省7个县，了解地方对小规模学校建设办学标准研究和制定的需求，与省、市、县和学校的教育行政人员、师生、家长座谈和访谈，征求标准编制意见，并试测调查问卷。调查人员与村主任访谈了解小规模学校建设和发展需求。与此同时，在农村学校督导工作中，课题组非正式地调研了湖南、江西的小规模学校建设和发展情况，并自筹经费派专家组两位成员去日本调研乡村小规模学校建设情况和标准制定情况。

第四，开展网络问卷调查。调研组在全国东中西部地区的11个省33个县开展网络问卷调查。调查对象包括县级行政人员、校长、教师、学生和家长。样本学校包括小规模学校和乡镇中心学校，以进行对比分析。

四、研究的价值与意义

（一）研究的创新之处

2013 年，课题组开始研究中西部农村地区义务教育"兜底线、保基本"的策略，其中改善教学点办学条件保障基本办学需求是重点研究任务，研究结果被采纳到《国务院办公厅关于加快中西部教育发展的指导意见》中。教学点在当时就被界定为中国农村义务教育的神经末梢，时至今日仍旧面临生存压力，同时人民群众对其发展也提出了要求。学生说，需要学校多开展一些活动；家长说，希望自己的孩子能够享受素质教育；老师说，孩子在县里比赛不管多努力也拿不到奖太不公平。这也是课题组继续做乡村小规模学校研究的动力来源。在新的时期，课题组的研究方向有所变化。

首先，研究的核心概念发生了变化。"小规模学校"这一概念是用学生数量来界定学校，把具有独立学校性质的同样弱势的小学校纳入其中，避免了部分地区人为将农村学校性质转变为教学点的问题；一般学校拨款是按照学生人数测算的，那么按照学生人数来管理也更为合理。以小规模学校为研究对象，有助于从管理上推动突破学校间属性不同、权力不同的局限，符合学校办学规律，促进不同规模学校的平等发展。

其次，研究内容更关注发展。以往政策总体上关注硬件较多，并且定位于保基本，无法满足人民群众日益增长的对教育质量的期望。中国社会正在向实现全面小康迈进，"兜底部"的教育政策也应反映了时代变化和人民需求的提升。

资源配置既要本着"实用、够用、安全、节俭"的原则，又要顾及师生的精神需求和发展权。对小规模学校的政策既要从发展角度保障农村师生的平等权利，还要关注发展权保障的可持续性。小规模学校的内部管理、教育教学和评价等方面仍是薄弱点，影响了学校的吸引力。有条件的家庭将孩子转到城镇学校，不仅硬件投入被浪费、学生人均成本进一步抬高，没有条件转学的学生连与伙伴玩耍的机会都丧失了。

最后，重视乡村振兴战略和城乡义务教育一体化发展战略为乡村教育发展带来的契机。以人民为中心的施政方针要求继续加强农村教育，让农村人口接受公平有质量的义务教育。农村学校是美丽乡村之魂，是连接现代文明与乡土文化的桥梁，推进农村文化繁荣和乡风文明的重要阵地。办好农村学校不仅是政府对农村人口的义务，也是国家发展的需求。在新时代发展背景下，农业和农村的现代化同样需要高素质人才的支持。乡村小规模学校的学生是农村建设者的后代，多数也将是农村建设者，农村教育应首先为这些人做好服务，应关注学校发展和农村社区发展的融合和共赢（任春荣，2018）。

（二）研究的价值

本书以乡村小规模学校为研究对象，采用多种方法从服务对象特征、办学自主权、软硬件资源配置、信息化推进、教师队伍建设与发展到学校内部管理和办学质量等全方位进行了分析研究。本书的价值观、研究视角、研究发现等对未来的教育研究、对教育实践与决策均具有独特的参考价值。本书立足于社会改革与发展的大背景分析乡村小规模学校各方面发展的定位和方向，不仅关注发达国家的经验，也关注发展中国家取得的成就，更注重分析本国的地方经验，保障研究的高度、前瞻性和可行性。

第一，对利益相关群体的需求和看法、对办学自主权、对办学标准的研究，体现了课题组对小规模学校发展的理性立场，更表达了对小规模学校办学自主权的尊重和保护。国家政策对扩大学校办学自主权的要求从高校延展到了中小学校，这是教育管理政策的一大进步。小规模学校由于行政级别和社会地位低，是最缺乏办学自主权，尤其是缺乏发展权的一个学校类型。小规模学校的教师及服务对象学生、家长和社区，在学校撤并、办学条件资源配置、教师资源配置、教育教学计划、学校评价评比等方面缺乏影响力，处于被动状态。这种决策模式限制了激发师生、社区的潜力办好有活力的小规模学校。本书的研究人员认真倾听了学生和家长、社区管理者、教师、学校管理者，以及政府官员等不同利益群体的诉求，关注农村居民诉求的分化，而不是用外来人的眼光来判断学校的生存和发展需要什么。本书从法治保障角度提出制定小规模学校有关办学标准，从行政保障角度提出将小规模学校发展纳入乡村治理范畴，为乡村小规模学校的可持续地自主发展奠定基础。

第二，调查结果、案例研究及国际经验都显示上级单位、县城学校的支持，对提升小规模学校的活力和质量固然重要，但也必须从所在社区寻找动力源。学校坐落于农村社区，服务于乡村人口。研究发现，凡是办得好的学校都与乡村社区建立了紧密的各种形式的合作关系，在理念上认可乡村的经济文化价值与城市经济文化价值同等重要。农村学校不仅是传承乡村文化的主体，也是农村社区的文化纽带和中心。乡村文化的传承或者与社区的融合不是举办个传统节日之类的活动那么简单，新学校模式、日本的经验显示出学校的教育教学活动在完成国家要求的教学任务的同时，可以渗透或者独立教授乡村经济文化知识技能。不论是艺术、体育，还是文化课程，都可以以乡村特色的内容为媒介、聘请社区成员来讲授。调查也显示，大部分家长愿意到校传授种养、刺绣和剪纸等课程。就地取材、因地解决教师不足的问题，使小规模学校的素质教育变得切实可行，也可以降低家庭教育准备不足的学生的学习难度。外部支持力量需要做的是，帮助小规模学校做好辅助工具设计、课程设计和教学计划与社区的融合。

第三，本书研究了小规模学校相对于大规模学校的独特优势。例如，学生数少便于及时反馈，学生参与机会多，教学考核压力相对小的情况下便于开展教学改革等。有的区县尝试将图书、部分教学仪器、电脑、乐器、活动器材和教师办公室等都搬进了教室，增加了设备使用率、教师与学生交流的机会。复式教育教学活动可以增进不同年龄孩子之间的相互学习机会，外部支持需要做的是加强对教师的支持和对复式教学的研究。对小规模学校优势的研究和发掘有利于树立小规模学校利益相关者的信心，树立社会对小规模学校的信心。

第四，基于公平和效率必须统一的认识，基于相同的素养培养目标可以通过不同渠道培养的认识，本书强调课程标准在城乡统一执行，城乡学生平等发展。主张撤并小规模学校的声音批评小规模学校生均成本过高而教育质量不高，认为小规模学校办学成本过高的人群，忽略了撤并学校带来的社会成本的增长，如农村家庭教育负担增长、加速村庄没落等。我国部分地区的案例及多个国家的新学校项目研究成果证明，小规模学校可以低成本高效率地实现教育质量的城乡平等。在办学条件方面的研究不再限于教室、设备配备数量，更关注设备配备的质量和现代化，关注使用效率、管理和使用上的支持保障。城乡教育一体化不是农村学校拷贝城市学校的建设和发展模式，学校的环境建设和设计包括校舍和教室的空间设计，应遵循人本化、开放性、灵活性、可持续发展原则，服务于学习并体现地方特色。现代乡村建设和发展中同样有大量的科学、政治、经济和文化素材可以用于教学。

第二章　发展定位与权力

　　教育部的文件将乡村小规模学校界定为100人以下的学校，含村小和教学点。本书为提高政策建议的针对性，与国家政策对应，采用100人为划定标准。学校的定义与其享有的权利和权力相对应，在国家政策层面和在地方实践中均是如此。研究乡村小规模学校最首要的问题就是学校的撤留问题。在城镇化大潮中，小规模学校的价值在哪里？这类学校办学成本高、办学自主权小，办学条件和教学质量长期是农村义务教育学校的薄弱环节。有关学校生存的反复讨论及办学自主权的限制，对学校发展、教育者的事业发展和农村社区的教育环境都是有害的。怎样才能让教育者、办学者放下心来为学校长期发展做规划？怎样才能给服务对象一个稳定的教育环境？

一、乡村小规模学校的定义与定位

（一）乡村小规模学校定义涉及生存

各地在实际操作过程中对小规模学校（教学点）的界定存在差异。参与调查的 33 个县中，有 30 个县对小规模学校（教学点）有明确的规定。按照人数划分的情况是，14 个县将在校生数少于 100 人作为划定标准，有 7 个县将在校生数 200 人作为划定标准，30 人、50 人和 60 人也是常用分界点。有 11 个县将学校 1~6 年级建制不完整作为标准，部分县将只有 1~2 年级或者只有 1~3 年级作为属性要求。部分县要求人数、年级条件必须同时满足。被界定为"小"的学校就进入了学校布局调整优先考虑撤并的名单。

标准的划定也与办学成本控制有关。对于小规模学校划定标准的建议主要有三类，建议学生数 200 人及以下为标准的有 9 个县，建议 100 人及以下为标准的有 6 个县；有 5 个县建议将建制不完整的学校作为依据。也有人建议考虑对教学的影响，将班额少于 10 名学生的学校界定为小规模学校。建议以 200 人为标准的理由是，100 人和 200 人左右的学校如果都是 6 个教学班，其安排的教师数差不多。以 100 人为标准的依据，主要是考虑办学成本的边际效应。

小规模学校的划定标准不能单纯地以简单数字为准，一方面涉及地方政府的投入，另一方面涉及乡村人口就近入学的权益。也不能简单地评价某地对人数设定的标准高好还是低好，必须要结合其实际政策具体分析。以 50 人为划定标准的地方，有可能实施不足 50 人按照 50 人拨款，没有执行国家按照 100 人拨款的政策；设定 200 人为临界点的地方，也有可能将 100~200 人之间的学校作为撤并对象。

（二）乡村小规模学校为《中华人民共和国义务教育法》保底

1. 为底层人口受教育机会兜底 ●

乡村小规模学校位于社会经济发展落后的地区，服务于相对更为贫困的家庭。调查显示，样本地区百人以下的学校中 50.88% 没有网管供水，使用自备水源或者没有水源的比百人以上的学校高了 13.37%。小规模学校就读的学生家庭条件与其他学校学生相比较差。从家长报告的结果看，学生父亲学历较低，70% 以上是初中及以下学历，经商和外出务工比例相对较低，61.23% 的家长为在家务农的农民，见表 2.1。小规模学校的校长也认为学校绝大多数学生家庭经济条件更差，见表 2.2。

表 2.1　家长报告的父亲学历

家长学历、职业情况		100 人以下学校	100 人及以上学校
家长（父亲）学历	小学及以下	14.93%	9.26%
	初中	57.42%	45.38%
	中专或高中	20.66%	30.12%
	大专	4.89%	10.10%
	大学本科及以上	2.10%	5.13%
家长（父亲）职业	农民（有劳动能力）	60.92%	42.93%
	农民（没有劳动能力）	0.31%	0.26%
	其他	38.77%	56.81%

● 本部分以"乡村小规模学校发展状况调查"为题发表于《中国教育报》2018 年 9 月 25 日第 4 版。

表 2.2   校长报告的学生家庭条件

学生家庭经济条件	100 人以内学校	100 人及以上学校
很差	0.58%	0.74%
较差	23.98%	12.87%
一般	69.01%	73.53%
较好	6.43%	12.50%
很好	0.00%	0.36%

　　按照学校性质分类，可以更清楚地反映出学生与监护人一起生活情况的差异。对于能够与父母双方共同居住的学生比例，在教学点和不完全村小学就读的群体比在中心小学就读的少 12.67 个百分点，见图 2.1。

　　小规模学校不仅保障义务教育入学机会，也对普及农村学前教育起着保底作用。样本学校中有 62.57% 的小规模学校附设了学前班。

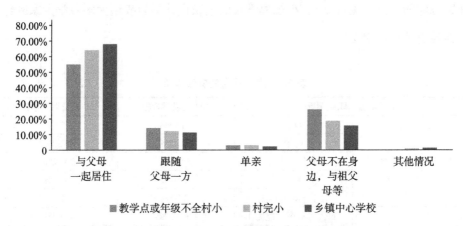

图 2.1   分学校类型的学生与监护人共同居住的情况

由此看来，小规模学校继续存在是有必要的。我国仍在城镇化进程中，人口总量持续减少，未来乡村学校也必将以小规模学校为主体，社会将逐渐接受农村学校为小规模学校的常态。

2. 农村人口就近入学权的保障

小规模学校的存在能够更好地保障农村学生就近入学。据家长反映，在教学点就读的学生中，自己走路上学的比例为 63.23%，而乡镇中心小学只有 46.73%，见图 2.2。由于农村生产特点的要求，家长接送学生的成本相对于城市更高。90.53% 的教学点的家长表示之所以让孩子在教学点就读，主要原因是离家近，上学方便。离家近也能够为家庭节省一些午餐费。教学点或年级不全村小的学生中午在学校吃饭的比例只有 44.36%，其他为回家吃、自己带饭，或者家里送饭来。乡镇中心学校学生在学校吃午饭的比例则达到 67.37%。

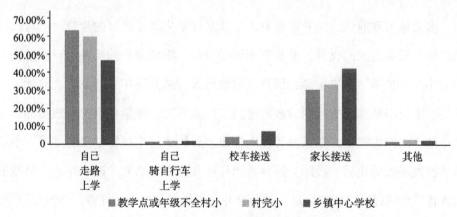

图 2.2 分学校类型的学生上学交通方式

（三）群众对撤与留的诉求分化

一旦学校被称为小规模学校，就意味着这所学校被撤并的风险较大。家长需求分化但要求保留就近入学权利占主体。孩子在村小教学点就读的家长中，39.01% 的家长表示同意撤并学校，让孩子到更大规模的学校去上学，而 60.99% 的家长不同意撤并学校。询问全体家长心理上能接受的家校距离，76.82% 的家长报告能接受的家校距离在 2.5 公里及以内。各类学校均有七成左右的家长不愿意让孩子住宿。即使是留守儿童家庭，监护人也不愿意让学生住宿，比例也达到 66% 以上。少部分家长愿意让孩子住宿，他们可以安心做工。有的家长则因为舍不得孩子住宿而在座谈会上哭泣。在小规模学校调研过程中，有家长反映同村的人将孩子能够在中心学校或者县城上学作为一种荣耀，讥笑他们不舍得为孩子花钱。因此，农村家庭择校的原因也是多样的，择校心理与城市家庭择校并无二致。

多数地方政府认为撤并学校有助于让乡村学生享受更好的教育，但对以提高教学质量为目的的撤并，家长有不同的看法。根据家长的反映，有些学校规模较小并不是因为没有生源，而是地方政府人为撤并高年级造成的。教师编制不足、工资问题和派遣问题给政府造成了巨大压力。城镇化率的考核指标、城镇房地产的销售需要，在某种程度上也成为弱化乡村小规模学校的推手。小规模学校发展被弱化后，校际差距再被当作撤并理由。然而，撤并并不会必然带来教育质量的提升。撤并以后，教师合并到大规模学校继续任教，"老师还是那些老师，有啥提高？"部分家长明确表达不愿意让孩子去大规模学校读书。

小规模学校长期处于一个弱势地位，与其服务对象处于弱势地位有关。在不同时间和地区进行的多个调查研究证实，中小学学生家庭背景与其就读学校类型之间存在显著相关（张胤等，2000；梁雪峰等，2006；陈友华等，2007；吴春霞等，2008）。家长处于农村社会底层，没有能力配合学校工作辅导学生学习，为学校提供优质资源，更没有能力与其他组织和机构博弈争取资源。小规模学校在权力网络或者关系网中处于末端，小规模学校的校长在人、财、物和机会分配上几乎没有话语权。优秀教师很容易被调走，而表现不佳的教师则容易被下放过来。社会网络理论认为，组织间的非正式关系对资源的争取更为重要（李梦楠等，2014）。小规模学校学生、家长都处于底层，不可能与决策者产生非正式关系，校长、教师和家长由于处于权力网络的远端，也很难通过话语传递实现诉求。

在撤并程序上，各地政府一般都表示会依据生源情况，按照国家要求召开听证会、尊重群众意见决定撤销还是保留。从档案记录看，撤并程序大部分是完善并符合规定的。由于办学的成本是由政府负担的，在撤并方面县级政府掌握了更大的话语权，学校和家长按照正常渠道博弈的力量不足。对于教师来说，学校规模过小、话语权不足，导致在小规模学校教学的教师在职业发展中处于不利地位。学校撤并后，教师可以到更大的学校去，发展机会更多。因此，教师群体相对愿意撤并，一部分教师希望撤掉学校或者恢复成完小。不愿撤并学校的教师则忧虑因反对上级决策而使其工资、考评和发展受到不利影响，往往不愿意主动帮助家长表达诉求，更多情况下帮助家长在同意撤并的协议上签字，小规模学校资源的薄弱容易使家长形成弱势心理和被剥夺感，这种心态反噬其主动开发资源的意愿和能力，一味期待外界力量的关注和帮助。而这种心态一旦向政府诉诸行动时，则往往比较激烈，如上访等。

（四）政府办好乡村小规模学校的困难

近年来，国家一再强调办好村小教学点，小规模学校在一定程度上得到了重视，但部分承担了投入主体责任的地方政府缺乏积极性。对 29 个县的调查显示，支持小规模学校建设的相关项目主要是信息化建设工程、校安工程等，资金来源主要是中央资金。而对于办好小规模学校最大的困难，样本县认为教师配置问题排在首位，数量达到 22 个县；其次是教育经费，选择的数量有 6 个县。教师配置问题与教师不愿去、经费不足、制度困境等问题有关。分析发现，教师"招不来、留不住"的原因也是多元的，包括待遇差、生活环境差、发展机会少、学习氛围淡薄、任务重等。在城镇化进程中，农村社会精英纷纷外流，政府要逆势而动为农村社会引进受过高等教育的青年教师，对于农村社会的发展具有重要意义，但实施难度很大。另外，不少区县政府财政收入不足，教育经费不足自然无力聘任更多教师，无力提高小规模学校教师待遇。有些地区则是制度原因造成缺少教师。例如，初中和小学教师不能打通使用。初中由于学生减少，有大量富余的教师却不能调动到小学任教。因为即使统一了职称标准，中学和小学之间还存在行政等级的差异。部门之间制度化的权力分配、事权不统一，个别地区的教师调动权力和招考权力仍旧在人事部门，不在实际用人的教育行政部门。教师数量的核定由编制部门掌握，总量只减不增。购买服务的方式解决教师不足问题成为一种可选方式，但也会带来教师队伍不稳定、教师发展渠道受限的问题。

对于保留下来的小规模学校，在参与调查的 33 个县中，22 个县出于不同原因表示要改善和发展小规模学校。一是保证学生就近入学，满足群众的需求，减少群众的负担；二是疏解城区和镇中心小学超级大班的需要；三是实施精准扶贫的需要；四是农村精神文明建设的需要；五是为"二胎"政策带动学生回流提前做好准备。在调研过程中，也发现部分小规模学校由于办学条件改善和教学质量提升，进城务工子女回流，学生数出现了增长，部分学校已不再是小规模学校。

二、乡村小规模学校的办学自主权

（一）管理体制决定了学校权力范围最小

政策规定中心学校工作人员的编制在乡镇所在地的初中和中心小学，各地实际情况比较复杂。多数中心校更多承担了原来乡镇教办的职责，是一级管理机构，管理全乡镇所有独立法人或者非独立法人学校。中心小学承担本校教学任务，以及本校附属村小教学点的管理工作，其他完小、村小教学点等则由中心校管理。有的地区还在中心校以外设了实体或非实体的学区，少部分地区的小规模学校统一由教育局管理。

本次调查提供了有效回答的 29 个县中，小规模学校属于中心校管理的有 19 个、属于中心小学管理的有 6 个、属于片（学）区管理的有 2 个、属于中心小学和片（学）区双重管理的 1 个。中心校（小学）管理小规模学校的优势在于，"便于就近调配教学资源，达到统筹兼顾的目的""区域内学校统一规划建设、统一教师资源配置、统一考核评价，实现牢固的捆绑发展，能够实现区域内所有学校教师优质资源、课程建设、教学研究和学校管理成效等共享，构建稳定的学校发展共同体""对于学校和教学点较多的县能减轻县级教育行政部门的工作量，同时也能积极协调乡镇、村与学校的关系"；"捆绑评价"增加中心学校的责任感，调动其积极性。中心校管理小规模学校的缺点则在于：一是发展决策受中心校支配，自由度较小，中心校截留小规模学校的公用经费；二是中心校既当裁判员又当运动员，难以做到管办评分离，管理层级多导致中心校管理者官僚化；三是随意借调教师，致使村小和教学点不得不使用代课教师或临聘教师。对村小教学点上级管理单位的行为进行约束非常重要。因此，有的地区采取学区和中心校共同管理的模式，日常管理由中心校负责，考评由学区负责。例如，采取了这种模式的湖南省平江县认为这种模式的优势明显，"一方面规范小规模学校的办学行为，解决了小规模学校管理人员不足和制度不健全的问题，促进了完小和小规模学校的教学交流和资源共享，加强教学指导，提升学校教育教学质量；另一方面学区对完小和小规模学校进行单独考核，避免了完小学校既当'运动员'又当'裁判员'的弊端，有效提高了小规模学校的管理效能。"

（二）经费被挤占预算能力欠缺

学校问卷调查显示，经费被挤占现象仍旧存在，学校经费使用权限和预算能力有限。有 57.89% 的百人以下小规模学校的公用经费能够按照国家规定不足 100 人按 100 人拨付。在百人以下的学校中，27.49% 的学校有自己的独立账户，62.57% 的学校在中心校账户上，9.94% 的学校与其他学校共享一个账户。

92.40% 的小规模学校校长的审批权在 5000 元以下，其中 80.38% 的小规模学校校长的审批权不到 1000 元。

社会上有一种声音认为，不足 100 人按照 100 人拨付公用经费过于浪费。出现小规模学校经费剩余的主要原因，与使用权限太小有关，也与严重缺乏预算能力有关。调研发现，很多学校预算内容非常简单，预算购买的物品和服务主要为粉笔、笤帚、簸箕、垃圾处理、水电等。经费出现剩余的学校仍旧存在图书和教学仪器老旧、严重不足等问题。问卷调查结果显示，小规模学校负责人对打印机、复印机、摄像机、移动存储设备、扫描仪等办公设备的需求比例均低于百人以上的学校，仅仅对照相机需求的比例略高于百人以上学校。这说明小规模学校负责人已经形成了低期望、低需求的心态。如果实现国家规定的安保、后勤等人员配备，以及课外活动外聘人员、设备购置、图书更新、培训差旅费等支出要求，小规模学校一年 6 万元人民币的经费是不足的。

（三）乡村治理应包含对学校的管理

小规模学校的办学权自 2001 年义务教育管理体制改革从乡和村两级上收缩到县一级，在保障了教育投入的同时，乡镇政府和村委会也丧失了办学权和规划权，学校与所在地的村和乡镇政府逐渐形成了隔离。对于村委会而言，它们更希望本村有所小学，一方面能解决本村孩子就近入学问题，另一方面村里能有个文化场所。因此，有些村委会代表村民与县级政府谈判关于学校的撤留，一些比较负责、并有一定能力的村委会仍旧愿意为村小支付水电费用、代课教师的工资等。

党的十九大提出乡村振兴战略，要健全自治、法治、德治相结合的乡村治理体系。《中华人民共和国宪法》规定基层实行群众自治。义务教育是乡村基本公共服务的重要内容，学校的建设和发展也应是乡村治理体系的重要内容，让村民享有教育事务的知情权、参与权、监督权和决策权，是保障农民群众在乡村治理中的主体地位的重要措施。治理意味着共治、共建、共享，是从一元主体到多元主体的制度转变。在乡村治理体系建设中，乡村社会与政府共建、共治、共享乡村教育发展成果，有助于完善乡村治理结构，有助于乡村教育健康发展，更好地为乡村发展服务。

三、作为规划和发展依据的办学标准

（一）国家标准缺位地方标准先行

《教育部关于完善教育标准化工作的指导意见》指出，"标准是可量化、可监督、可比较的规范，是配置资源、提高效率、推进治理体系现代化的工具，是衡量工作质量、发展水平和竞争力的尺度，是一种具有基础性、通用性的语言。"普通中小学校的建设标准、教育装备标准或者管理标准等使学校的规划设计、建设、管理和督导评估有章可循，对于保障学校建设和教育质量起到重要作用。但是，普通中小学的有关标准都是按照45人标准班额、最少6个班的规模进行规定的，不适用于小规模学校。《农村普通中小学建设标准》部分项目为4班、30人／班的小学提供了依据。总体来说，100人以下的小规模学校建设和办学缺乏国家层面的标准保障。《国务院办公厅关于加快中西部教育发展的指导意见》提出，"各地要制定教学点的办学条件、教师配备等基本标准，明确教学点的基本要求。"《国务院关于统筹推进县域内城乡义务教育一体化改革发展的若干意见》提出，"要办好必要的乡村小规模学校……完善乡村小规模学校（含教学点）的办学标准，科学推进城乡义务教育公办学校标准化建设……"国务院《关于全面加强乡村小规模学校和乡镇寄宿制学校建设的指导意见》再次提出保障小规模学校的发展，完善办学标准。《国家标准化体系建设发展规划（2016—2020 年）》也要求"加快城乡义务教育公办学校标准化建设，基本建成具有国际视野、适合中国国情、涵盖各级各类教育的国家教育标准体系"。因此，小规模学校不应被排除在外，或者为其制定专门的标准，或者在普通中小学办学标准内增设小规模学校项目。

部分地方研究和制定教学点或者小规模学校办学标准的工作走在国家要求的前面。自 2012 年中央要求办好必要的教学点以来，为了使"办好"有据可依，一些地方陆续出台了小规模学校或者教学点的办学标准，范围涉及地址与布局、校舍场地、教育装备、教师资源、课程与教学、学校管理等方面，为小规模学校发展和标准化建设提供了具有一定法律效力的依据。调查发现，多数地方政府支持出台小规模学校的办学标准，不仅为小规模学校的发展提供保障，也为经费预算、督导评估等提供依据。29 个县中的 26 个县表示需要研究小规模学校的办学标准，并且校舍场地、教师配置和装备配置是各地最为关心的内容。

（二）现行地方标准存在的问题

据不完全统计，7个省份自 2012 年以来发布了小规模学校（教学点）的办学标准或者指导意见（全部为试行），包括湖南（2012 年）、新疆（2013 年）、青海（2014 年）、福建（2015 年）、江西（2015 年）、广西（2016 年）、安徽（2016 年）、河北（2018 年）。此外，还有些地市、区县研究和制定了教学点办学标准，并以地市级居多。相对各省的中小学办学标准而言，教学点标准文本大多都较为简单。多数省级标准只有 1000 字左右，个别只有 500 字左右。制定标准的地区体现了对小规模学校发展的重视，但也存在一些共性问题。

1. 严谨性问题

第一，普遍采用教学点概念，没有采用小规模学校概念。人数不足百人但性质独立的小规模学校得不到保障。

第二，科学性严谨性不足。部分省份的标准规定了标准规范对象是非完全建制的学校，设计了 1~4 个班的标准，5 个班的或者 5 个年级的学校被遗漏。在指标规范上，这些标准大多采用生均标准。比如，部分省规定学校生均教室使用面积 1.15 平方米、1.2 平方米。有的省提出图书配置复本率不超过 12 本；有的地方规定年更新率为藏书的 1%；1~4 个班的厕所使用面积全部为 28 平方米。

2. 保障力度问题

有的标准特别强调 50 人以下学校的标准降低或者参照执行，对 50 人以下的学校保障不足，降低了办学标准的覆盖范围和价值。

配备标准过低和过高并存。有的省规定配备图书不低于 200 册，按照儿童图书的厚度只能填满标准书架的两层；有的省规定科学、体育、音乐、美术器材品种配备各不少于 3 种；有的西部省份提出功能教室按照中小学校舍建设标准配置，标准设定过高而现实达不到则有损标准的严肃性。

3.可操作性问题

标准内容不全，语意模糊弹性过大。有的标准内容不全，如缺少对运动场地的规定。关于布局的要求仅提出"合理布局"四个字。有的标准仅仅对内容提出要求，不给出具体数值。尤其在教育教学仪器配置方面，由于难度较大，指标内容比较含糊。

4.导向性问题

标准不高，没有体现出教育、教学改革的趋势，没有关注学校的长远发展，没有考虑与乡村建设的融合，等等。研究并制定小规模学校办学标准的出发点是办好小规模学校，促进城乡学校标准化，缩小城乡差距。但是如果标准设置不当，也有可能将扩大差距或者将差距合法化。

（三）城乡统一标准的含义

城乡公共服务一体化发展是社会公平政策的一项重要内容，在教育标准领域表现为城乡统一公用经费标准和教师配置标准，以及正在研究和制定的城乡统一的中小学校建设标准及装备标准。应该怎样理解城乡统一标准？还有必要为小规模学校研究并制定专门的标准吗？

对于城乡统一标准应这样理解。首先，城乡统一标准的目的是为了缩小城乡教育质量差距，是对城乡学生平等发展权的保障。城乡统一标准并不是一定要城乡学校标准的数值完全一样，应向弱势一方倾斜。教师配置标准提出乡村学校可以考虑班师比配置方式，就是向乡村学校倾斜了。其次，城乡统一标准不是为了将城镇学校的建设和办学模式复制到乡村，而是为了保障乡村学生享受的教育服务的质量不低于城镇学生，服务形式可以多样化。例如，城乡学生均应按照国家规定至少掌握两项体育技能、一项艺术特长，但是技能的具体内容应因地制宜。城镇学生可以学习单簧管、长号等，小规模学校的学生可以学习二胡、笛子、唢呐等本地乡土文化流行的乐器；城镇学生可以学习油画、水粉画等，小规模学校的学生可以学习剪纸、年画等艺术形式。最后，城乡统一标准还表达了城乡经济、文化的价值平等。本地所发生的经济文化活动既可以进入乡村学校的课堂，也可以进入城市学校的课堂。例如，在开展创客活动时，城镇学生可以研究机器人怎样踢球，也可以研究怎样实现灌溉、收割的信息化操作。乡村学校的教育活动也要展示现代化与乡土化的融合，帮助学生确立文化自信，让年轻人愿意留在农村发展，满足现代农村和农业发展的需要。

四、落实弱势优先原则

（一）严格撤并程序，保障就近入学法定权利

学校布局也要坚持弱势优先原则。当政府为城市家长考虑三点半后学生接

送问题时，农村学校的设置也应该考虑农业生产和农村生活环境的特点，考虑偏远农村人口风险承受能力低、应变能力和意愿薄弱的实际情况。此外，还要考虑农村家庭是否有条件一天几次从田地里跑回接送孩子上学、放学，农村四季道路条件和公共交通是否能够保障学生安全等问题。

截至2017年年底，我国乡村还有5.77亿常住人口。而乡村学校作为美丽乡村之魂，是连接现代文明与乡土文化的桥梁，推进农村文化繁荣和乡风文明的重要阵地，对于振兴偏僻乡村具有重要意义。缺少了孩子们的读书声，农村不会成为"安居乐业的美丽家园"❶。依据《中华人民共和国义务教育法》及乡村振兴战略，小规模学校不仅要严格撤并程序，更要把学校办好，为保障全民共享发展成果做出贡献。

（二）提高教师队伍素质和外部支持质量

教师是学校的生产力，教师积极性高的学校会自主采取各种措施创造性地解决教学中面临的困难，如自制教具、寻求社会支持等。地方政府建设小规模学校的最大压力源也在教师队伍，调查样本县中的22个县认为办好小规模学校的最大的困难是教师配置。一是保障教师待遇的财政压力大。例如，某国家级贫困县为一名小规模学校教师一年的工资、保险和培训等支付的费用约为7万元。二是教师不愿去。三是教师队伍质量不高。首先，建议中央分担更高比例偏远学校的任教补助，并大幅度提高偏远学校教师的津贴水平，在社会公共服务方面给予偏远学校教师与军人相近的优惠措施。其次，重视小规模学校负责人的培养和培训，选拔爱岗敬业、专业素质好的教师担任负

---

❶ 引自《中共中央国务院关于实施乡村振兴战略的意见》。

责人，给予其中心学校中层及以上干部待遇。明确小规模学校教师服务期限，降低教师在偏远地区任教带来的个人发展迟缓等风险。最后，加强各类外部支持。除地方督导、教研、装备机构提供制度化支持之外，专业研究机构还应为小规模学校研发合适的课程资源和教辅资源，适宜学生自学和教师同时指导多个年级多个学科。

（三）加快推进乡村小规模学校办学标准的制定

1. 国家应出台标准研究和制定指南或者指导意见

鉴于我国地域差异过大，研究和制定地方标准更科学，但是地方研究和制定标准过程中存在的问题和力量的不足，更需要国家层面出台乡村小规模学校办学标准或者有关标准研究和制定的指南予以有效引导。这是对乡村小规模学校合法存续的最有力度的支持，也是对追求"小而好""小而美"的学校发展价值观的强有力的论证。

国家应为地方出台标准提供基本参考。办好村小和教学点是 2012 年以来一系列国家文件不断重复的要求，已有文件涉及几个方面，如基本办学条件、公用经费、教师配置、信息化和管理等，但对办好缺乏更明确的硬性规定。政策文件中未将教学点单独列出的则完全由地方决定是否适用于教学点。

从国家层面提出研究和制定义务教育小规模学校办学标准的具体要求，将有助于推进义务教育学校标准化建设，提高小规模学校办学水平，缩小教育质量的城乡差距，促进城乡教育的一体化发展。

2. 对地方标准研究和制定的建议

（1）要明确标准的使用对象和功能。第一，标准要能够指导区县政府建设、管理和评价小规模学校。第二，学校和教师通过标准可了解小规模学校的管理和教育教学工作的规范和要求。第三，标准也是各级政府的规划部门、财政部门和督导部门开展有关小规模学校工作的依据。

（2）标准的定位要重视时代特点。很多地方将小规模学校的办学标准定位于保底，从节俭角度出发这是正确的，但是也必须注意标准过低会导致不公平合法化，吸引不到学生也会造成资源浪费。我国社会当前的主要矛盾为人民日益增长的美好生活需要和不平衡、不充分的发展之间的矛盾，标准必须考虑到人民群众的需求提高了，标准要服务于新时代的乡村建设。小规模学校办学标准是《美丽乡村建设指南》等系列国家标准的组成部分，小规模学校标准化是乡村振兴战略的一部分，办好小规模学校有助于乡村人口共享发展成果，也有助于缓解城镇大班额的问题。

（3）标准的导向要重视提高办学效益和社会效益。第一，指标和指标值的确定要考虑现有办学条件基础，提高已有条件的利用率，而不是全部重新建设。标准还应在仪器设备使用、课程内容安排、教学方式、人力资源开发和安排上提供有效指导以提高效益。第二，注重学校已有空间的设计，最大化地利用和发挥有限空间效益。乡村学校建设不是城市学校的复制品，既应满足课程改革对学校空间改造的要求,也要体现乡村之美,体现学校对乡村文化的认同。第三，与社区共享资源互补不足，与乡村社区建设互相支持，并在课程教学上加强与社区经济文化的联系，培养学生热爱家乡的情怀，以及建设和管理家乡的意识，发挥学校凝聚社区的功能。

（4）标准的内容要系统性地保障学校可持续发展。第一，坚持硬件、软件资源配置相结合。新时期要突出教育教学仪器设备的配置，更要注重教师配置和发展、课程教学、管理和外部支持制度等方面的引导。第二，标准应分级分类。乡村小规模学校的情况复杂，学生数量、年级数量、授课形式各有不同，标准设定应考虑学校类型差异。各地经费投入能力和小规模学校原有发展基础也存在差异，标准指标和指标值应分级，设定基本标准和选配标准。第三，指标值划定应具体分析具体指标。由于标准的指标配置不论按生均、班级、年级、班额，还是按总人数配置都难以照应到所有学校，所以不同指标的数值可采取不同依据估算。第四，要开源节流，提高对已有条件的利用率，指导学校用好现有资源和附近学校和社区可以共享的资源。

（5）标准的研究和制定过程应倾听不同群体的需求和意见。第一，研究和制定小规模学校办学标准是中央政府的要求，以提高乡村教育质量为最终目标，因此，标准的校标是国家课程标准和有关教育质量的规定。第二，研究队伍应包含至少三类人群。地方决策者的意见关系到标准在财政上和编制上的可行性，教科研人员的意见关系到标准的科学性，师生、家长和社区的意见关系到标准的有效性。地方标准应是三类群体的合作产物。第三，办学标准在价值观上对1~99人的学校应一视同仁。有些地方的小规模学校办学标准在部分指标上再次提出应对50人以下学校酌情处理。100人以下的小规模学校大部分在50人以下，如果不保护50人以下的学校，那么办学标准的研究和制定价值就会大打折扣。

3. 把握好小规模学校办学标准与其他标准的关系

现行有关法律、政策、标准和规范等是研究和制定乡村小规模学校办学标准的依据。所有学校必须遵守的普适性内容，如学校选址和建筑设计、安全规范、德育工作、招生工作、学生培养目标等，乡村小规模学校办学标准不应再重复规定。小规模学校办学标准不是普通学校办学或者建设标准的简版、低配版，小规模学校办学标准研究和制定的重点是依据"小"和"乡村"特征为学校发展保驾护航，针对弱点突出其他标准没有涉及的，或者其他标准在小规模学校难以实施的方面加以规范和指导。

（四）基于乡村振兴战略与社区融合发展

小规模学校的发展与农村社区发展是合作共赢的关系。乡村振兴战略着力解决基础设施和公共服务问题，强化乡村振兴的人才支撑，将极大改善乡村小规模学校的社会环境。

小规模学校建设和发展应紧密结合社区发展。在课程教学方面，应联系农村生活经验设置教学情境，传授乡土文化，办出农村学校特色，让学生热爱家乡并有意愿、有能力服务家乡。在人力资源方面，聘请家长、社区成员、退休教师等作为志愿者，补充学校人力资源不足。在资源建设与开发方面，与社区合作建设学生实践基地，与社区共享图书资源、运动器材，联合举办活动。新一轮学校建设和改造应配合美丽乡村建设对农村社区的改造，结合乡村民居特点和现代学习理论进行设计和施工，让学校能够融入社区环境，同时满足新课程理念下的教育教学需要。

第三章　基础设施建设与环境

　　教育是以影响人的身心发展为直接目的的活动，是空间、时间和社会存在构成的三重意识相互作用的结果。中小学校作为每个人身心发展及社会生存能力培养的重要场所，一直备受社会各界的广泛关注。在诸多影响教育的因素中，近年来的研究重点更多的在于学校的教育理念、师资力量、教学方式、课程设置等方面，但实际上学校这个学习空间本身，以及该空间里包含的诸如基础设施建设、环境建构等一切因素，都对教师和学生的学习产生深远的影响。随着教育研究的不断深入和教育国际化程度的日益提高，教育理念得以不断扩充和完善，学习空间的内涵也得到了不断地发展和延伸。20 世纪 90 年代之前，人们通常使用"教学空间"来指代学校这一学习场所。之后，随着计算机网络通信技术的广泛应用、对学习过程的理解变化及对非正式学习的重视，"学习空间"这一术语应运而生。本章将学习空间界定为用于学习的场所，着重从学校基础设施建设与环境建构两方面对乡村小规模学校这一学习空间进行探讨。

　　符合学生身心发展特点的学校基础设施建设与环境建构，对于学生增强综合素质，实现全面发展，具有不可替代的作用。《中华人民共和国教育法》明确规定，设立学校必须具备"有符合规定标准的教学场所及设施、设备等"，并且受教育者依法享有"使用教育教学设施、设备、图书资料"的权利。此外，"地方各级人民政府及其有关行政部门必须把学校的基本建设纳入城乡建设规划，统筹安排学校的基本建设用地及所需物资"。近年来，在城镇化进程中，大量的农村小学逐渐地转变成了小规模学校。由于历史发展等原因，乡村小规模学校长期被当作临时性教学机构而发展受阻，处于农村教育的薄弱和边缘地带。乡村小规模学校位于社会经济发展落后的地区，是底层孩子看世界的窗口，能够给孩子提供一个安全的成长环境。为全面推进义务教育学校标准化和城乡一体化，国务院从 2016 年以来发布了 3 个文件，提出保障小规模学校的发展，完善办学标准。

一、基础设施建设及环境构建现状

学校环境是指与学校教学活动相关的一切因素的总和，包括物质环境与精神环境。其中，物质环境包括校舍建设、场馆设施及绿化布置等各种有形事物；精神环境包含办学理念、学校文化、办学模式等无形事物。由于学校环境所处的自然与人文条件不同，且与教学活动相互依存，因此学校环境建构具有独特性。学校基础设施是指为教师教学和学生学习与发展提供服务的基础的和必要性的物质建设，按照功能和用途大致可以分为基础建设、教学设施、生活设施及文体器材等。其中，基础建设主要包含教室、教学楼、运动场和功能室等。

教学设施包含教学仪器、多媒体设备、网络服务及课桌椅等。生活设施包含卫生间、食堂、宿舍和浴室等；文体器材包含音乐器材、体育用品和体育器材等。随着学校的日益发展，基础设施完善已经成为学校基础工作中的重点之一。健全的学校基础设施能够营造一个更加健康的、高效的、科学的教育环境，提高教学质量。

本章延用前述对乡村小规模学校的定义，即 100 人以下的学校。在城镇化进程中，大量的农村小学逐渐转变成了小规模学校。从历史发展来看，乡村小规模学校在服务农村困难群体、巩固提高义务教育普及水平方面发挥了十分重要的作用。近年来，国家采取了一系列重大的政策措施，不断地加强农村义务教育，乡村小规模学校的办学条件得到明显改善。但受历史、地理等多方面因素制约，乡村小规模学校在基础设施建设与环境构建等方面仍是教育的短板，迫切需要进一步全面加强建设，提升育人质量。

为了全面了解当前我国乡村小规模学校的建设现状，2017 年 11 月，中国教育科学研究院"乡村小规模学校办学标准前期研究"课题组，通过对 11 个省份的百人以下乡村小规模学校开展问卷调查和实地走访，对于乡村小规模学校的基础设施及环境构建现状，得出了下述结论。

（一）学校环境构建意识欠缺，缺乏整体规划及地方特色

民居是各地居民自己设计和建造的具有一定代表性、富有地方特色的民家住宅。我国疆域辽阔、民族众多、历史悠久，各地的地理气候条件和生活方式不尽相同，因此，我国的民居建筑样式和风格在世界建筑史上也较为鲜见。其中，

最具特点的民居包括北京四合院、西北黄土高原的窑洞、安徽的古民居、福建和广东等地的客家土楼、蒙古的蒙古包等。问卷调查样本学校覆盖了 11 个省份的 171 所百人以下乡村小规模学校，覆盖了东中西部地区。其中，教学点或村小（年级建制不全）81 所，占比 47.40%；村完小 79 所，占比 46.20%；乡镇中心校 11 所，占比 6.40%。在学校所处的地形地貌中，平原占 24.00%，高原占 11.70%，丘陵占 13.50%，盆地占 1.80%，山地占 49.10%。《中小学校设计规范》中明确说明，"中小学校设计应与当地气候、地理环境、社会、经济、技术的发展水平、民族习俗与传统相适应"。然而，样本学校极少具有地区特点，制式的"方盒子"形状学校比比皆是。在特定的历史时期，我国大多数地区以应试教育为目的，以"填鸭式"教学模式为单一的教学环境，这些小学校看似放到哪里都可以，既是万能方案，同时也是良好的解决方案。但今时不同往日，没有特色的学校环境构建不仅不能为孩子们发挥良好的心理促进作用，还会束缚孩子们的身心发展。

此外，按照《中小学校设计规范》中的要求，"中小学校应建设在阳光充足、空气流动、场地干燥、排水畅通、地势较高的宜建地段""学校规划布局应与生源分布及周边交通相协调"。但课题组实地走访中发现，部分地区政府对于乡村小规模学校的发展缺乏有效规划，在布局选址中存在缺乏整体规划的现象。例如，在寺庙周围设立学校（或将寺庙的部分建筑改造为学校），学校出门就是主要交通路线且车流量较大，家庭住址距离学校较远且缺乏有效的出行方式等。近年来，诸如"冰花男孩""踩竹桥过河上学"等新闻也在一定程度上说明了现有规划布局还有不合理之处。

（二）学校基础设施总量匮乏，无法满足学习需求

健全的学校基础设施能够为学生提供安全和高效的学习环境，有助于提高教学质量。问卷调查结果显示，目前乡村小规模学校的基础设施建设还不能满足家长和学生的需求。只有47.60%的学生家长认为学校硬件条件比较好或者好，具体表现在运动场地、生活设施及教室配备等方面仍有较大的提升空间。

体育运动是中小学生身心健康发展的一个关键因素，也是学校基础设施建设的重要组成部分，但课题组在对乡村小规模学校的实地走访中发现许多学校的运动场地现状不尽人意。多数的小规模学校都没有达到基本的运动场地标准，部分学校运动场只是一片空地，偶尔有些健身器械也颇显陈旧且无法正常使用。对小规模学校校长的问卷调查结果显示，58.50%的学校未建有 60 米跑道。

学校生活设施方面也普遍存在没有达标的现象。调查样本中 22.80%的乡村小规模学校没有建食堂或者伙房，29.80%的学校没有建卫生厕所，50.90%的学校没有网管供水（使用自备水源或没有水源），39.80%的学校教室没有取暖设备。课题组实地走访中发现，部分学校没有围墙，与周围的居民住宅混为一体，缺乏辨别特征及安全保障。一些小规模学校仅有小伙房制作餐食，却没有就餐区域，学生端着饭盒在操场或学校空地就餐；部分学校虽然配备有提供营养午餐的食堂，但是没有专供学生就餐的餐桌餐椅，学生就餐多蹲在地面解决；有的学校允许学生将餐盘端回教室用餐，日积月累导致教室地面布满油渍。东北地区冬季严寒，部分贫困地区小规模学校的教学楼仍是平房，供暖问题始终悬而未决，无法实现集中供暖；部分学校在教室内生炉火，不仅有火灾隐患，木材的不完全燃烧还会产生一氧化碳，严重影响教师及学生的身体健康。实地走访过程中，

大部分地区的乡村小规模学校仍在使用旱厕，并且厕所均未设置在教学楼内，有的还需要穿越操场；来回往返于室内外增加了学生及教师的不便，雨雪天气时情况更为恶劣，有些学生干脆选择忍着不去上厕所，对身心健康造成不利影响。

关于学校专用教室的配备情况，有关体育器材、科学实验、计算机、图书室等方面的情况较好。在样本学校中，78.40%的学校有教室存放体育器材，69.00%的学校可以进行科学实验，66.70%的学校配有计算机教室，77.20%的学校有图书室或阅览室。其他诸如音乐、美术、卫生保健等方面则仍有较大的提升空间，如54.40%的学校能够满足音乐教学，48.50%的学校能够满足美术教学，39.80%的学校有场地可以开展少先队活动，30.40%的学校配有卫生保健室，29.80%的学校可开展心理咨询。

（三）学校基础设施陈旧，环境构建缺乏以人为本思想

学校基础设施的质量关系到校园安全问题，陈旧且落后的基础设施会带来一定的安全隐患。自2001年以来，国务院统一部署和实施了农村中小学危房改造、西部地区农村寄宿制学校建设和中西部农村初中校舍改造等工程，提高了农村校舍质量，但一些地区中小学校舍仍有相当部分达不到抗震设防和其他防灾要求。一些落后的基建设施过于简陋，存在安全问题，还有一些设施已不能满足使用需求，急需改善。此外，由于历史发展等原因，乡村小规模学校长期被当作临时性教学机构，在基础设施建设及环境构建方面缺乏以人为本的思想。

校舍陈旧及建筑理念落后是当前乡村小规模学校普遍存在的问题，多数乡村小规模学校为20世纪八九十年代建设，教学楼多为砖混结构建筑，而且建筑

内部多为单廊式布局。为了节约建筑成本，单廊式的平面布局形式使本来就呆板的"方盒子"小规模学校建筑形象变得更加缺乏活力。教学楼周边空间狭窄，部分地区由于背靠山体，教室内阴暗潮湿，阳光照不到，视野不开阔。教室里的电路是早年拉通的，年久失修致使线路老化，还存在有漏电的危险。此外，20世纪八九十年代的校舍建筑主要考虑的是当时建筑的使用功能，很少顾及学校的造型和使用者的视觉感受，因此乡村小规模学校建筑在色彩使用上比较单调且多为灰褐色。有些新建的小规模学校虽然已经注意到了这个问题，但是由于设计人员的技术水平所限，在实际设计中所呈现出来的效果并不尽如人意。

运动场地及运动设施陈旧也是制约乡村小规模学校发展的关键因素。课题组在实地走访中发现，贫困地区除了极个别的学校配有塑胶跑道，绝大多数还是土质操场，大风天尘土飞扬，雨雪天操场泥泞。这样的运动场地学生一旦不小心跌倒，极容易受伤。此外，运动场地上如单杠、双杠等健身器材，由于年久失修及风吹雨淋，基本上已经锈迹斑斑；体育用品如篮球、足球等也已经破旧不堪，急需更换。

在环境建构方面，以人为本思想的缺位极大地影响了学生的学习效率。虽然学校的声学环境对于学生的学习、健康和心理都有影响，但是绝大多数乡村小规模学校的声学环境都达不到如《中小学设计规范》《民用建筑隔声设计规范》等国家标准要求，教室内充斥着来自室内室外的各种噪声。此外，这些学校长期以来对校内光照环境没有足够的重视，对教室光环境质量的调研及评价也缺乏针对性研究。实地走访中，多数教师表示教室内眩光现象很严重，并且近年来学生的视力下降速度也在攀升。

（四）学校基础设施利用率低，环境构建可持续发展性不强

基础设施的利用率既是一个管理问题，也是一个观念问题。乡村小规模学校普遍存在基础设施总量匮乏的现象，不能满足教师和学生的学习需要，因此需要通过优化资源的配置和提高资源的使用率来弥补总量的不足。但是课题组实地走访中发现，由于部分学校管理者的观念问题使学校资源对于学生的开放度不高，进一步降低了基础设施的利用率。利用率低主要表现为两个方面：一是基础设施设备的使用率低，二是与社区的资源整合不够。

基础设施设备的利用率低一方面来自客观原因，随着城镇化进程的不断发展，以及布局调整的不断推进，部分农村小学在进行高年级合并后退化为小规模学校，崭新的教学楼一半教室处于闲置状态。问卷调查显示，百人以下的学校中，95.52%的学校能保障每班有独立教室，44.78%的学校有富余教室。基础设施利用率低；另一方面来自主观原因，如统筹意识缺位、管理观念偏差等。部分学校管理者缺乏统筹规划意识，没有意识到可以利用空置教室组织教师和学生开展实践活动，或是面向社区开放，组织特色活动，通过开展家长教育等活动来发挥学校教育的辐射作用。此外，问卷调查显示，教学点数字资源全覆盖取得了显著成就，小规模学校能够连接互联网的学校比例达到94.15%。但是由于很多教师不善于使用多媒体设备，不熟悉如何制作课件，觉得麻烦又浪费时间，因此实际教学中数字资源的使用率极低。另外，由于经济条件制约，有的学校只有一两间教室是多媒体教室，且仅限于上公开课使用，平时不允许教师使用；实验室和计算机室仅在有实验课和计算机课的情况下才对学生开放，剩余时间均处于关闭和闲置状态，而且由于师资短缺，实验课和计算机课往往

每周每个班级仅有一节，可以说使用率极其低，根本无法提高学生的学习兴趣。课题组在实地走访中还发现，其他诸如篮球、足球、排球和音乐器材等平时也不对学生开放，学生只能在体育老师和音乐老师的许可及帮助下才能借到这些物资，没有充分发挥这些设施和设备在学习中的作用。

乡村小规模学校在节能减排及环保意识方面也存在较大的发展空间。实地走访中发现，乡村小规模学校无论在建筑布局，还是建筑走廊形式、朝向等方面，均很少考虑气候、地理等环境因素，忽视了建筑本身对环境的适应性，致使能源消耗增加。此外，尽管当前部分学校建有沼气池、太阳能设备等绿色能源，但由于普遍缺乏节能环保意识，对太阳能、沼气等绿色能源缺乏基本认知。有的新建小规模学校不了解其校园建筑采用的太阳能集热墙的工作原理，甚至对其进行无知的改造和破坏。问卷调查结果显示，样本小规模学校中有31.40% 使用煤炉单独采暖；煤炉采暖耗煤量大，燃烧效率低，且室内温度分布不均，热舒适度较差。由于 2008 年以前修建的学校教学楼外围结构基本无保温层，进一步加剧了热量的损耗。

二、美丽乡村视角下的学校建设

习近平总书记在 2013 年年底召开的中央农村工作会议上强调，"中国要强、农业必须强；中国要富、农民必须富；中国要美、农村必须美"。建设美丽中国，必须建设好美丽乡村。美丽乡村建设的最终目的是改善人们的居住环境，让生活在本地的农民提升幸福指数。自 2015 年 6 月 1 日开始实施的《美丽乡村建设指南》从总则、村庄规划、村庄建设、生态环境、经济发展、公共服务、乡风文明、基层组织、长效管理九个方面对美丽乡村的建设做出了相关规定。党的十九大明确提出要"建设美丽中国，为人民创造良好生活环境"。农业农村生态文明建设是生态文明建设的重要内容，开展美丽乡村创建活动，重点推进生态农业建设、推广节能减排技术、节约和保护农业资源、改善农村人居环境，是落实生态文明建设的重要举措，是在农村地区建设美丽中国的具体行动。乡村小规模学校不仅是教学生学知识的地方，更是教会学生主动探索知识的地方；不仅是教会学生学习与人相处、协作的地方，更是提供种种保护让学生快乐成长的地方。作为文化知识及科学理念的聚集地，乡村小规模学校承载着一个乡村的文化建设，理应承担教育和推广先进知识、技术及科技的责任，成为美丽乡村建设的主要践行者。

国外对于乡村小规模学校的研究起步较早，积累了大量的理论和实践经验。综合分析国外的研究成果，一所好的乡村小规模学校在基础设施建设与环境构建中应具备下述特点：第一，有利于学生的身心健康发展，能够给学生带来一个安全的成长环境；第二，能够满足不同学生多样化与个性化的需要，能够为学生创设一个和谐融洽的人际交往环境；第三，能激发学生的学习热情并增加其学习的主动参与度；第四，能融入学校当地的文化特色并充分体现校园文化精神和学校独特的办学理念；第五，能融入并体现环保及社会经济的可持续发展理念等。

结合本章中我国当前乡村小规模学校基础设施建设及环境构建的现状，综合分析美丽乡村建设的背景和发展方向，下一阶段我国的乡村小规模学校建设具体可从以下五个方面着手开展。

（一）强调基础设施建设及环境创建中的以人为本理念

中小学阶段是儿童性格形成及价值观建立的关键时期，对于这一阶段的学生而言，学习空间除了最基本的教室之外，还应有丰富的交流空间、游戏空间和实践空间。随着教育理念的不断完善，学习空间的内涵得以不断延伸。经过多年的实践探索，城镇部分学校已完成由以满足实施教育为主的学习空间转变为以满足学习为主的学习空间转变的过程，为乡村小规模学校的建设提供了一定的借鉴。要实现城乡一体化、促进教育公平，乡村小规模学校的基础设施建设及环境创建也应紧随城镇学校的建设理念；甚至充分利用其小体量的优势，还可以积极开展某些现代教学理念的先行实验。问卷调查结果显示，乡村小规模学校的学生家庭支持不足，单亲或失亲、贫困家庭、寄养家庭、隔代教育的比例较高。因此，在基础设施建设及环境创建中，这些学校更应该强调空间环境的生活化及人情化，重视室内外环境及空间气氛对学生身心健康和情操形成的影响作用，重视创造具有生活情趣的学校环境，给孩子的心灵提供温馨的归宿。

基础设施建设及环境创建应首先满足教师和学生基本的学习需求。第一，应建有围墙和校门，配有升旗设施，装设必要的安全设施，有宣传栏、文化墙等校园文化设施。第二，校园建设（含校舍、活动场地等）应符合各项建筑设计标准；教学及教学辅助用房、场地指标应不低于国家规定；设置普通教室、多功能教室、科学实验室、综合器材室；设置教师办公室、安防监控室等办公用房；设置卫生便捷的厕所及伙房等生活用房；为有住宿需求的教师提供宿舍，教师周转房按国家相关政策执行；结合当地物种和农业经济特点，绿化美化校园。第三，教室设计应考虑照明、眩光和声场分布，合理设计教室的朝向和长宽；教室内有课程表、作息时间表、值日轮流表、展示栏或黑板报、图书角和放置学生衣物的适当家具。

　　基础设施建设及环境创建应充分体现以人为本的理念，无论是整体布局、建筑特点、舒适度，还是围护结构，均应从教师和学生的切身感受出发。对于乡村小规模学校的学生来讲，每天有相当长的时间生活在学校环境中，在校期间除正常学习行为外，休息、游戏和交往等都是正常的活动内容，而且这些活动对学生的成长及未来生活都将产生重要的作用。因此，教室内外的统筹规划设计及建设同等重要，均需注重材质、色彩、光线（包括自然采光和照明）、声音及绿化等因素对于良好感官感受的促进作用。表 3.1 简要列出了各要素对学生身体健康发展的促进作用。

表 3.1　乡村小规模基础设施建设与环境创建中的关键要素

要素	措施	作用
材质	摒弃传统学校的面砖、涂料等材料，引入钢、玻璃、铝板等多种建材	体现校园的文化内涵及历史延续；增强校园建筑的时代感和装饰性
色彩	打破传统校园建筑单一色调的基调，选用鲜艳明快纯净色调的材料	加强对校园环境的认知感，表达建筑的个性，形成特色鲜明的中小学校园
光线	自然采光：采用侧面采光和高侧采光窗相结合，提高教室的采光率；由于乡村小规模学校的教学楼大多楼层不高，所以还可以通过开天窗或者利用光导技术进行顶部采光；照明：严格按照《中小学教室采光和照明卫生标准》的规定，学校照明卫生标准达标率应达到 100%	好的自然采光不仅可以创造出优美愉快的学习环境，有益于学生的身心健康，甚至还可以提高学生的学习成绩及学习效率。适当的照明有利于提高考试成绩，减少分心行为，在学生的成绩中起着重要的作用；并且对视力有重要影响

要素	措施	作用
声学环境	对于新建学校，在学校选址和初始规划设计中就应有意识地重视噪声这一问题，进行必要的隔声、隔振设计；对于改扩建学校，可以后期进行声学方面的改造，进行合理而有效的改善	学校的声学环境影响学生的听课状态、阅读能力、记忆力、学习效率，进而影响学习成绩；此外，噪声也对教师的健康造成影响，噪声较大环境中教师的喉部慢性疾病检出率较高
绿化	教学区的绿化应保证安静的教学环境，不影响教学楼内通风采光；周边防护可设置乔灌草结合的防护林带	有利于创造防暑、防寒、防风、防尘、防噪的学习和工作环境；陶冶学生情操，激发学习热情

（二）加大基础设施建设与环境创建中的开放性及灵活性

随着教育信息化进程的不断推进，以及"三通两平台"的普及，一定程度上解决了乡村小规模学校师资不足的问题；"双师课堂""互联网＋同步课堂"等教育模式的实践研究，为乡村学生带来了城市里先进的教育内容。但是"巧妇难为无米之炊"，在教师提高了教学水平，以及丰富了教学资源时，落后的基础设施建设及环境创建在一定程度上影响了教学效果，并制约着乡村教育成效的提高。

近年来，乡村小规模学校的研究重点逐渐转向于探索教学改革，发挥学校学生少的特点，开展个性化教学和辅导。因此，在下一阶段的基础设施建设与环境创建中应根据实际情况，充分发挥学生数量少的优势创新学习空间设计，创新教学形式，开展自主、合作、探究性学习。鼓励学生直接参与，形成自发性学习氛围，这是现代教育理念回归的主题。其基本理论是孩子都有求知的天性，并且具有在舒适放松的环境中自我激发、自我学习的本能。自主的、自律的探究性学习活动要求校舍设施空间环境具有开放性及灵活性。开放性不等同于简单地打开学习空间，而是应综合考虑学习空间承担的多种价值实现。一是促进校舍设施之间的开放性，使教室内外、走廊之间、班级之间成为连续的开放性空间，扩大班级和学年之间的交流；二是促进教室内部空间的开放性，改变传统教室桌椅摆放的形式，由单一的、集中的秧田式布局改变为多样的扩散型，以适应集体学习、小组学习和个别学习等的需要，并满足学生主动性探究、交流、操作及活动的需求。

越开放的区域其灵活性就越高，在具体设计和使用时越要强调联系，通过统筹规划联系起新的行为方式和使用逻辑。对于专用教室数量有限的小规模学校，鼓励和提倡多室合用，鼓励有条件的地区从提高教育质量出发，提高办学条件。充分利用教室、走廊等其他空间设置开放性图书角，创建泛在阅读环境，提高学生阅读量。

（三）提高基础设施建设与环境创建中的物质利用率

前面讲到基础设施的利用率是一个管理问题，也是一个观念问题。部分学校管理者缺乏正确的管理观念和管理技能，使学校的基础设施建设与环境创建中学习空间、设施设备等各项物质的利用率不高。要想根本解决这一问题，要从学校管理者入手，改变学校管理者的管理观念，端正其对利用率的认识，提高管理技能。

一方面，对于由完小退化形成的小规模学校，可通过整体统筹规划，提高学校学习空间利用率，可将其盈余的闲置教室及校内场地建设为综合实践用地、学生劳动实践和科学实验基地，也可与学校绿化工作相结合，增强学生的实践动手能力及创新能力。具体到将教育空间规划与实践活动相结合，可以开展种植及养殖活动，培养德智体美劳全面发展的社会主义接班人。其中，种植活动包含操场种植、栽培种植园、蓄水种植、保温种植，以及园林绿化，在充分利用土地资源的同时，强化了劳动知识和技能，同时提高了对劳动的正确认识，达到强健体魄的目的。如果种植果蔬菜类等，更可以结合农村义务教育学生营养改善计划，通过"学校菜园""学校果园"等种植基地的建立和运营，可一定程度上补充日常食用蔬菜的供给。此外，还可以开设养殖活动，通过喂养鸡、鸭、兔等小型动物学习畜牧知识，更可以通过教育的溢出效应，将实践学习所得传递给家庭成员。

另一方面，也可将闲置教室面向社区开放，强化与社区的联系，通过乡土文化共建，发挥学校在地方教育的辐射和带动作用，提高基础设施及环境的利用率。对于之前教室不足需要改扩建的小规模学校，可以多室合用；对于新建的小规模学校，可借助教育空间的灵活性来优化利用率。

对于提高设施设备的利用率，在改变学校管理者管理观念的同时，也应教育学生爱惜公共财物。应促进对文化设施的利用率，特别是学校的图书馆、计算机室要面向学生开放，使其成为信息收集、加工、处理、操作的自由学习与研究的中心。加大对体育设施的利用率，增强学生体质健康。

（四）注重基础设施建设与环境创建的可持续发展

随着校园规模的不断扩大、校园生源的不断扩招，以及校园空间的不断膨胀，可持续发展的研究也成为热门的话题之一。在学校基础设施建设与环境创建中，要对生态资源加以合理地保护，要有节制地利用，尽可能地减少对自然资源的破坏和干扰，注重生态资源的循环可持续利用。其具体表现为，不仅在规划中考虑到当前的建设需要，同时要考虑到未来的发展需要。

气候是影响建筑空间形式，及其舒适度和能耗的最重要因素之一，不同气候区对建筑舒适度和能耗造成的影响不同，故需要根据当地地理地貌、气候特征为前提，进行相应的设计和规划，采用当地乡土营建技术。相比城市学校而言，乡村村落多依山傍水，乡村学校可充分利用地形地貌规划布局其建筑群体，通过借助山体或水体来解决防风、通风、遮阳及降温等问题。乡村小规模学校的分布具有分散性强的特点，广泛分布于我国各个地理区域。我国幅员辽阔、地形复杂，由于地理纬度、地势等条件的不同，各地气候相差悬殊。因此针对不同的气候条件，各地建筑的节能设计都有对应不同的做法。炎热地区的建筑需要遮阳、隔热和通风，以防室内过热；寒冷地区的建筑则要防寒和保温，让更多的阳光进入室内。为了明确建筑和气候两者的科学关系，《民用建筑设计通则》将我国划分为了7个主气候区，20个子气候区，并对各个子气候区的建筑设计提出了不同的要求。例如，陕西省靖边位于陕北干旱寒冷区，具有的资源或能源包含丰富的天然气和石油资源、丰富的太阳能资源、陕西省风力资源最好的优势地带、畜牧业发达；校园可利用的资源方式主要有太阳房、太阳能板展示、风力发电、雨水循环利用、生态水池、沼气池。再如，甘肃省平凉地区属于陇东南半湿润区，拥有水资源丰富、林业丰富，学校可利用的资源有水力发电、绿色种植、沼气池。但是根据调研结果显示，目前，应用生态技术措施的农村学校极少，且应用生态技术措施种类不多，仅有太阳能集热墙及旱厕—沼气系统等几种。

对于我国目前大部分地区，尤其是西北地区的乡村小规模学校，多使用的是旱厕，并且多有沼气池，但是对于沼气池的利用却十分单调和不足。其实，可以综合运用多种能源，建立循环利用系统，学者陈洋在对西北地区农村学校开展调研和分析的基础上，提出了可以充分开发种植/养殖—厕所—沼气池—食堂/宿舍—太阳能综合功能循环利用模式，见图3.1。沼气发酵后产生的沼渣可以作为种植的肥料，而种植的秸秆或养殖产生的粪便可以作为沼气池的原料；厕所收集的粪便与尿液作为沼气池发酵的原料，通过过滤池过滤掉废渣，排到沼气池中发酵生成沼气与沼液。沼液可排回厕所用来冲厕，沼气则可用作学校炊事燃料。夏季天气炎热，沼气池可自行进行发酵。对于冬季寒冷地区的学校，可借助太阳能对池壁加热，并对食堂、宿舍等空间供热，保障热舒适性。

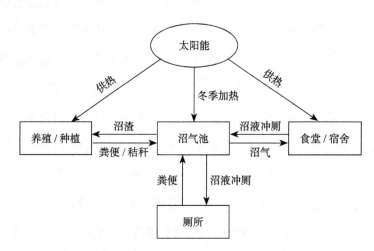

图3.1 种植/养殖—厕所—沼气池—食堂/宿舍—太阳能综合功能循环利用模式

（陈洋，2018）

生态系统应该与学校规划相结合，遵循管线最短原则。沼气池与厕所位置较近，便于粪污收集，沼液冲厕；沼气池与食堂位置较近，便于输送沼气，并与种植／养殖园位置较近，便于运输动物粪便、沼渣及输送沼气。此外，可以借鉴日本等国家免水微生物堆肥型或者免水微生物降解型的生态厕所，适用于缺水地区。

（五）丰富基础设施建设与环境创建的乡土文化建设

乡村小规模学校具有丰厚的乡土文化和自然资源，地理位置上又与社区、家庭的关系密切，有利于实现社区化的教育，从而使学校成为农村的文化中心，改变农村学校与农村无关的"悬浮"状态。小规模学校是偏远贫困农村地区文化存在的一个重要标志，因此学校基础设施建设与环境创建应考虑与现代学习理念一致，与乡村文明建设协调一致，强化地域文化元素和符号，并考虑与社区共享的需要。

乡村小规模学校在新建及改扩建过程中，应配合美丽乡村建设对农村社区的改造，结合乡村民居特点和现代学习理论进行设计和施工，让学校既能够融入社区环境，又能够满足新课程理念下的教育教学需要。一方面，乡村小规模学校作为当地农村的一部分，应与特定的地理、气候、社会环境相契合，顺应学校所处的特定历史、经济、文化地域环境，同时随着社会存在的变化而不断发展；另一方面，学校空间本身因为承载着学校校风、学习气氛、师生精神面貌、人文历史等校园文化，力图体现出相应的文化属性或建筑含义。小规模学校的发展与农村社区发展是合作共赢的关系。乡村振兴战略着力解决基础设施和公共服务问题，强化乡村振兴人才支撑，将极大地改善乡村小规模学校的社会环境。而学校的建筑群就像社区的邻里街坊，学校特殊的公共活动教室除了一般的教学教室之外，还包括礼堂、图书馆、体育馆和综合教室等，就像社区中的公共建筑。通过与社区合作建设学生实践基地，与社区共享图书资源、运动器材，联合举办活动等，提高资源建设与开发方面的乡土文化共建。

第四章　教育装备的配置与使用

　　教育装备是实施和保障教育活动的所有硬件、软件的统称，是学校建设的物质基础，是实施教学活动的基本手段，教育装备的水平已成为衡量学校现代化水平的重要标志。❶教育装备工作主要包括"建、管、配、用、维"五个方面。"建"就是建设，"管"就是管理，"配"就是配备，"用"就是使用，"维"就是维护修理。教育装备的目的是服务教育，教育装备工作的宗旨是满足教学需求、提高教育水平，教育装备只有在教育中发挥了作用才能真正体现其价值意义。

　　教育装备的配置与使用是影响小规模学校教育教学开展和质量的关键因素。目前，乡村小规模学校教育装备的配置和使用状况如何？到底什么样的教育装备才是乡村小规模学校真正需要的？小规模学校如何不断提高装备使用率？这些问题值得我们深入研究。本章将基于问卷调查和实地调研分析乡村小规模学校教育装备状况并提出改进建议。

---

❶ 百度百科. 教育装备 [EB/OL].（2019-03-05）[2019-05-16]. http://www.baike.com/wiki/%E6%95%99%E8%82%B2%E8%A3%85%E5%A4%87.

一、教育装备总体有保障但仍需抬高底部

在义务教育普及过程中，国家和地方对农村义务教育学校办学基本条件提出了一定的要求。在我国提出普及九年义务教育政策要求后，绝大多数农村义务教育学校先后完成了"普九"验收，农村学校办学条件达到了国家和地方规定的标准。尽管如此，但由于农村地区教育投入还是有限，当学校办学条件和教学设施废旧老化时，学校很难更新办学条件和更换教学设施。有限的教育资源一般不会选择投入小规模学校，使小规模学校更显得教育装备配置不足。

（一）基本教学仪器设备数量相对不再严重缺乏

由于农村地区教育投入有限，小规模学校教育装备配置不足的情况长期存在。教育装备的缺乏严重影响了乡村小规模学校的教学质量。"工欲善其事，必先利其器"，对于需要教具的数学课、需要动手操作的科学课、原本就缺专业教师的音体美课程，由于学科教学仪器设备的缺乏，教师们难以达成较好的教学效果。

校长问卷调查显示，在学科教学仪器设备中，数学、自然、音乐、体育、美术等学科仪器设备配置都存在不同程度的缺口。校长反映最为缺乏的学科教学仪器设备是数学自然实验仪器，超过十分之一的百人以下学校表示缺乏，见图 4.1。总体上，与信息化设备、办公设备和生活设施相比，基本教学仪器设备

对于学校来讲不再严重缺乏。但调研发现，部分县市乡村小规模学校，数学、科学的教学仪器设备陈旧无法使用，音体美等相应的设备器材相对不足且破旧，以低成本的器材为主，主要是锣鼓、跳绳、立体几何石膏像等。

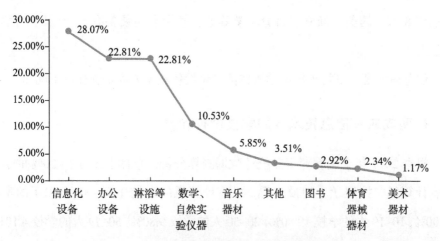

图 4.1　表示缺乏各类设备的百人以下学校比例

（二）信息化条件远不能满足缩小城乡差距的需求

在实地调研中，课题组发现，部分发达地区或重视信息化的地区乡村小规模学校网络覆盖，以及数字化教育资源设施设备配备相对较高。例如，浙江临安市教师按一人一台的标准配备笔记本，在普通教室配备多媒体基础上，为各专用教室配备多媒体，计算机教室均在近三年内得以更新。湖北宜都市基本实现了"班班通"。所有义务教育阶段学校均接入了互联网，网络带宽基本达到 10M 及以上，小学、初中生机比分别达到 13.5∶1 和 17.7∶1。湖北恩施市参与试点"教学点网校"的学校，普通教室都配备了同步互动课堂的信息化设备。就"班班通"而言，乡村小规模学校绝大部分教室都配备了多媒体教学设备和宽带网络，由于配备时间的差异，多媒体教学设备的模式、型号都有所差异。广西田阳县的 34 所教学点均配备 1 套以上的多媒体设备，配备率达到 81%。露美、新立、百育小学等 8 所教学点还装备有 10 台以上的学生电脑室。

但总体而言，乡村小规模学校在信息化设备配备方面仍存在以下问题。

1. 两成应开信息技术课的学校没有计算机

根据 2017 年全国教育事业统计数据测算分析，总体上还有 14.20% 的学校没有计算机。按照学生规模来看，没有计算机的学校比例：10 人以下的学校 30.00%，10~19 人的学校 19.80%，20~50 人的学校 9.80%，50~79 人的学校 4.10%，80~99 人的学校 2.20%。还有 21.70% 的学校只有 1 台计算机。信息化时代应保障每所学校至少 1 台计算机，这样才能够满足学校开展远程教学和师生与外界沟通的需要。

校长问卷调查显示，有三年级及以上年级（小学三年级开始开设信息技术课）的百人以下学校有学生用计算机的平均生机比达到 4.32：1，远远低于百人以上学校生机比 14：1。这说明乡村小规模学校开展信息化教学已具备了一定的基础。小规模学校生均指标表现虽然较好，但主要是学生总量少导致的。需要开设信息技术课的有三年级及以上年级的百人以内学校，没有一台学生用计算机的学校比例为 22.75%。对于办学条件中设施设备需求的调查，28.07% 的百人以下学校反映最缺乏信息化设备。

教师问卷调查分析显示，学校教师拥有教学计算机情况：1 人 1 台的比例为 53.46%，没有计算机的比例为 11.10%。其中，教学点或村小教师表示没有教学计算机的比例为 10.26%，村完小教师表示没有教学计算机的比例为 13.03%，见表 4.1。课题组在实地调研中，也时常会听到老师们对教师专用计算机的渴求。

表 4.1　不同学校规模下教师拥有教学用计算机情况

计算机数量	教学点或村小	村完小	乡镇中心校	总体
1 人 1 台	48.90%	51.04%	59.87%	53.46%
几人合用 1 台	40.84%	35.93%	31.05%	35.44%
无	10.26%	13.03%	9.08%	11.10%

2. 网络尚未全覆盖且出口带宽相对较小

尽管乡村小规模学校网络连通取得了重大进展，仍有 5.85% 的百人以下学校未连通互联网，而这些学校的网络连通将会是艰难的"最后一公里"。已连通互联网的出口带宽不足制约了小规模学校网络在线课堂的顺利实施。湖北省农村教学点网校建设标准中的首要标准提的就是互联网接入，只有单个教室网速建议为 10M 及以上，才能实现优质教育资源对教学点的覆盖。校长问卷调查显示，规模大的学校互联网出口带宽要好于规模较小的学校。已连通互联网的学校中，出口带宽在 10M 以下（不含 10M）的百人以下学校为 8.18%，百人及以上学校的这一比例仅为 1.90%，见图 4.2。

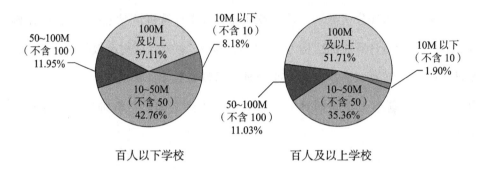

图 4.2　百人以下学校、百人及以上学校互联网不同出口带宽的比例

3. 小规模学校数字教育资源相对薄弱

从 11 个省 33 个县（市、区）校长问卷调查的分析结果来看，整体上，超六成的学校拥有数字教育资源，学校比例达到 63.88%。从学校类型看，完小拥有数字教育资源的比例最高，达到 66.16%，而教学点或村小的比例却最低，只有 59.70%，见图 4.3。这表明，小规模学校数字教育资源相对缺乏。分在校

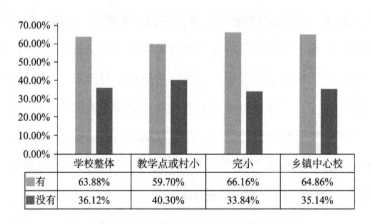

	学校整体	教学点或村小	完小	乡镇中心校
有	63.88%	59.70%	66.16%	64.86%
没有	36.12%	40.30%	33.84%	35.14%

图 4.3　不同类型学校数字教育资源拥有情况

生数来看，仍有 38.60% 的百人以下学校表示没有可用的数字教育资源。尽管 2016 年全国已有 6.4 万个教学点全面完成"教学点数字教育资源全覆盖"项目。但实地调研发现，由于网络连接、资源本身的配套和适用性、教师的信息技术技能等问题，学校表示可用数字教育资源缺乏。

（三）图书资源配置质量亟待提高

1. 图书数量仍显缺乏

调查分析结果显示，有三分之二的乡村小规模学校没有配备图书室；各县小规模学校拥有图书的数量不均衡，半数以上村小和教学点没有图书。通过对某市实地调研发现，所调研的学校能提供给孩子们的图书也极为有限。除一所学校有捐赠图书并在教室后面设置图书角外，其他实地调研的学校有的甚至都没见到图书馆或阅览室。

2. 图书陈旧、复本率高、适读性差

部分学校虽然图书数量达标，但图书陈旧、内容单一、长时间不更新且不适合学生。调查数据显示，半数以上的教学点认为现有图书不适合学生阅读，见表 4.2。广西两县的实地调研发现，各完小都已经按标准配齐图书，达到生均 20 册。但图书室里的图书很多都是老书旧书，且很多图书不适合儿童阅读，只是用来充数。

表 4.2　适合学生年龄图书配备情况

学校类型	没有适合学生年龄特点的正版图书		合计
	学校数（个）	比例（%）	
教学点	608	56.90	1068
村小	268	38.20	702
乡镇小学	60	40.80	147
中心校	12	11.80	102
合计	948	47.00	2019

（四）教师对办公设备配置需求强烈

办公设备是校长认为除信息化设备之外的最缺乏的设施设备，22.81% 的百人以下学校表示最缺乏办公设备，见图 4.4。实地调研中部分教师反映备课用的电脑老化，是学生用机淘汰下来的，运行很慢且常出故障。一些学校没有打印

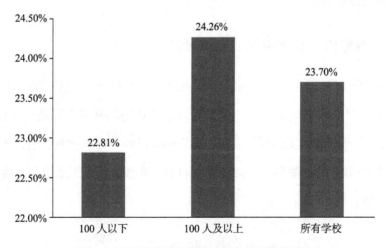

图 4.4　不同规模学校表示缺乏办公设备的情况

复印机，或者机器比较陈旧，不能满足学习和考试资料的复印需求。教师的办公电话配备不足，特别是有寄宿生的小规模学校，教师要经常用自己的手机来联系家长或给学生用。

在学校办公设备需求方面，除照相机外，对各类设备有需求的学校比例都在一半以上，其中有 72.71% 的学校表示需要配备摄像机，59.59% 的学校表示需要配备复印机，见图 4.5。

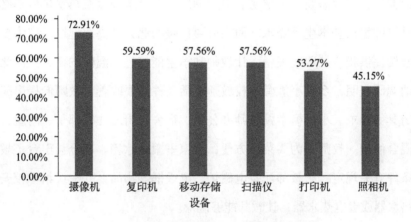

图 4.5 学校表示还需要配备的设备情况

（五）部分学校生活设施不能满足基本需求

校长问卷调查显示，百人以下学校没有食堂或伙房的比例为 22.81%，没有卫生厕所比例达到 29.82%。在饮水水源上，百人以下学校自备水源的比例为 47.37%，仍有 3.51% 的学校没有水源，29.82% 的学校不能提供热水。

按规定应供暖的地区百人以下学校都有取暖设备，以独立供暖为主。教室内生火炉的比例达到 46.60%，学校小锅炉供暖的比例为 10.68%，电暖气、空调、电锅炉、碳晶板等电暖比例为 38.83%，地热、集中供暖等仅为 1.94%。百人以上学校教室内生小火炉的比例也达到 15.85%。实地调研这些地区学校时，教师和学生也反映了教室内生火炉方式的安全和教室环境卫生问题。在供暖方式选择上，农村学校提高清洁能源设备的供应应纳入政府考虑范畴。

当问及对生活设施的需求时，校长或教师们表示，由于乡村小规模学校一般地处偏远，至少需要提供伙房、卫生厕所、安全水源以及热水供应等必要条件以满足师生的基本生活需求。而在需要供暖的北方及高寒地区，应为乡村小规模学校提供相应的取暖设备，让教师和学生能够过个温暖的冬天。河北两县区实地调研表明，乡村小规模学校教师生活条件需要改善，教师们提出配备伙房、厨具等要求。小规模学校教师办公室、宿舍和厨房往往都是一间屋，多种功能混合使用。教师因为买菜不方便，从家里搬来冰箱。部分县出台了教学点办学条件有关规定，给教师配备电磁炉、电饭锅等物品，并建议给学校安装太阳能热水器或者电热水器，让教师能够洗澡。

二、教育装备的使用与管理亟待改善

乡村小规模学校教育装备已配备，要使其发挥出最大的效益，则涉及"用、管、维"三大方面。

（一）已有教育装备的使用率不高

1. 学科教学装备配置水平过低

从学科教学仪器配备来说，一方面，国家关于学科教学仪器配备标准出台时间太长，而随着新课程改革的推进，绝大多数乡村小规模学校的学科教学仪器配备需要更新升级；另一方面，对于乡村小规模学校，多数地区按照三级的配备标准配置，需要根据发展提高配备标准，保证能够开齐开足实验课。校长问卷调查分析表明，27.31% 的学校反映本校实验仪器设备不能支持分组实验课的开设。

另外，在标准中还需明确学校对于实验器材的规范保管及有效管理的问题，如有些药品或化学药剂需要按一定要求存放，以确保配备的仪器设备能够有效地为课堂教学服务。

2. 信息化设备和资源存在闲置现象

有不少农村学校设备闲置，资源虽下载了，但保存起来就完事，没有很好地用于教学。即便使用也是遇到公开课、观摩课、研究课之类的教学活动，才查一查、用一用，或者是上级有关部门要查看远程教育使用情况，学校才组织教师突击使用，做好记录，应付检查，造成了设备和资源的极度浪费。校长问卷调查分析显示，在不愿意使用数字教育资源的学校中，校长普遍认为"信息化教学设备缺乏专业维修的技术管理人员和指导人员""教师缺乏数字资源的使用技能"和"数字教育资源缺乏"是最主要的三大原因。浙江杭州调研组也发现，在乡村小规模学校里，现代教育设备无法用，主要是教师不会用，不想用。现代教育设备的改变无法带来教师教育教学习惯的改变，因为没有使用现代教育设备的环境与氛围，使用这些设备只会让教师感到增加了负担。课题组实地调研也发现，信息化设备利用率不高，教师能力是重要原因，同时由于不同时期采购的不同批次的多媒体教学设备存在差异，早前配备的设备老化并经常出故障，无法投入使用，成为教室里的摆设。同时，校长、教师们也反映学校信息化设备的维修困难，出了故障常常半个月都得不到维修。

3. 已有图书的开放借阅率有待提高

部分县市实地调研发现，除班级图书角的图书外，图书室的图书每周都只有在特定的时间才能去借阅，通常一周一次。学生调查分析显示，在教学点或者村小，有 21.38% 的学生反映班级里没有图书，26.61% 的学生反映图书不能随时借阅，见图 4.6。

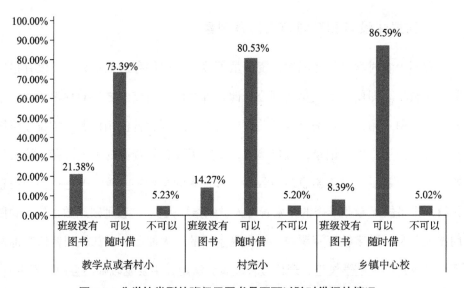

图 4.6 分学校类型的班级里图书是否可以随时借阅的情况

（二）已有教育装备的管理不规范

1. 学校对教育装备管理理念滞后

许多学校为了凸显自身的硬件设施，重视教育装备购入而忽略对其的管理。一是领导在观念上缺乏对管理的重视，难以在管理思路和管理方式上进行改革和创新；二是学校教育装备管理制度不健全。由此导致教育装备的使用受限，使装备长期被搁置，应用无法跟进，装备使用率低，不能发挥作用，实用功能大大降低；三是贫穷思维的惯性导致学校设备不能有效利用。有部分校长总是担心教师和学生用坏设备，习惯将设备锁起来自己一人掌握钥匙，造成设备的闲置。

2. 缺乏对教育装备运行和维护的有效支持

随着学校教育装备不断创新与普及，越来越多的学校都配有计算机教室，移动多媒体与固定多媒体设备相继在教学中应用。教师在开展信息化教学过程中会随时面对装备可能发生的各种各样故障，包括硬件和软件故障，往往束手无策。而学校在教育装备方面专业人员配备不足，对教育装备的故障问题难以尽快解决。校长调查中我们发现，学校由于缺乏专业人员，本身维修仪器设备故障的能力不强，一旦仪器设备出现故障学校主要的解决办法是"联系厂家""社会企业""上级部门"，比例分别是 36.57%、20.77% 和 20.32%。从学校类型上看，除了教学点或村小首选求助上级部门帮助维修仪器设备故障外，完小和乡镇中心校都首选联系厂家帮助解决。但也有部分学校在仪器设备出现故障时，选择自行解决，学校教师负责日常维修或寻求校外维修人员解决。尽管如此，仍有一些学校无法维修出现故障的仪器设备，这些学校占比在 6% 左右。另外，由于大多数教师尚未具备较熟练的操作能力，在操作过程中操作不当或处理不当造成教育装备故障，而教师往往又缺乏故障处理能力。

三、面向未来小规模学校教育装备的配置与使用

（一）研究和制定小规模学校教育装备配置标准

对于乡村小规模学校教育装备配备不足的问题，建议基于目前已有学校装备标准基础上，考虑这类学校的特殊性，研究和制定适合有效的装备标准，作为乡村小规模学校办学标准的重要组成部分。依据国家有关教学仪器设备配备相关标准和乡村小规模学校的实际情况，研究制定乡村小规模学校教育装备的国家底线标准，满足开齐开足国家规定课程的基本要求，让乡村小规模学生享有同等的教学条件和有效教学，同时保证师生基本生活需求。

在研究和制定标准过程中遵循以下三大原则：一是底线原则，装备标准以满足师生的教学和生活基本需求为目标，以底线配备，够用适用好用为原则；二是差异原则，标准要面向乡村小规模学校，因此，既要考虑最基本需求，也要考虑小规模学校的发展和地区差异，以及学校规模差异等因素的影响，标准目录中要区分"基本"和"选配"项目；三是需求原则，仪器装备项目要满足课程标准的要求、年级需求和常规教育活动的需求，如德育活动、学生运动会等。

根据教育装备的定义，对于乡村小规模学校教育装备标准，可以分成以下几大类型来确定配备标准，包括文科类、数学、科学、音乐、美术、体育、信息化设备、通用类设备、生活设施设备及安保设备。

（二）创新小规模学校教育装备配置方式

在对乡村小规模学校投入有限的情况下，如何配置满足学校教学和生活基本需求的教育装备，需要创新配置方式。有条件的地方可以尝试"以租代建"。即以"政府评估准入、企业建设运营、学校购买服务"的有效机制，替代过去各学校装备的自建自管，以最大程度发挥有限的财政资金效益（唐伟，2017）。新形势下，学校教育装备的现代化已成为不可阻挡的潮流，其更新换代的频率相当高，需要从整体性、区域性去通盘考虑，打破校际之间的壁垒，避免重复建设。如多媒体、学生机房等基础设备的建设，如果每个学校都自建一套，而未能综合考虑和全面利用，既无法让既有的设备发挥最大使用效率，又会因为重复建设而造成绝对的资源浪费。而在政府的主导下，采取企业参与建设和运营，学校根据需要进行购买，可实现资源共享共用，促进使用效率的最大化。另外，"以租代建"还可实现管理的专业化。教育硬件资源的管理具有极强的专业性，比如网络的维护、电脑的维修、软件的更新等，需要一支常态化的专业队伍，让师生获得最优质服务。

（三）不断提升教育装备管理规范性和应用效率

1. 健全完善教育装备管理制度

学校领导重视教育装备直接表现为健全完善管理制度，以实现对教育装备的科学和精细化管理。

第一，制定严格的教育装备管理制度。好的管理模式需要严格制度相辅相成，二者缺一不可。乡村小规模学校对于已配备教育装备的管理未能达到预期目标，与没有形成完整的管理制度密切相关。严格的制度是为了让教师充分有效运用教育装备以达成更好的教学效果，而不是限制教师对教育装备的使用。

第二，做好教育装备的日常管理。教育装备管理负责人员要做好教育装备的科学存放、维护保养、借还登记与卫生清洁工作。科学存放，即要保证将需要放入橱柜的仪器设备全部入柜，要将设备定柜、定层、定位，分门别类存放，保障存放的科学性与安全性；维护保养，要保证仪器设备定期进行保养与维护，保证仪器设备在使用时处于安全完好状态，仪器设备如有损害，要及时反馈，确保随时维修；借还登记，即要保证做好仪器设备的借用与归还登记，防止他人使用时无法确认仪器设备的归属地；卫生清洁，即要保证教室干净整洁、安全通风，做好防火、防盗工作（李丰，崔文静，2018）。

第三，建立激励师生充分应用教育装备的机制。学校引进教育装备，最终目的是为了让教师应用教育装备使课堂教学多样化，吸引学生的学习兴趣，增加课堂的趣味性。但教师在进行课程设计时，有时会减少教育装备的使用，因此，学校需要制定激励师生充分应用教育装备的相关机制，以确保教师的使用频率，提高教育装备的使用性能。

2. 做好管理人员和教师的专业培训

第一，加强管理人员的专业培训。随着教育装备的不断添置，学校要树立全员维护的思想，形成一个专业的管理人员网络。学校应开展教育装备培训，将理论与实践相结合，使教师在使用时也有一定的维护技能。同时，教师要充分学会教育装备的使用技能，以避免操作失误的发生。

第二，加强教师装备应用的专业培训。一方面，要让乡村小规模学校的教师了解学校配备的现代教育装备的功能和作用，掌握基本的操作技能；另一方面，要让这些教师掌握与现代教育装备配套的教学法，即能够在教育教学过程中因需和有效应用教育装备，提高教育教学效率，改善学生学习效果。

（四）健全小规模学校教育装备支持保障体系

教育装备作为教育教学的重要支持和条件，如何更好地维护、管理和使用，需要健全小规模学校教育装备支持保障体系。

第一，确保技术支持保障。完善教育装备运行维护与技术支持服务体系，保障教育装备的正常运行，提高教育装备的应用效益，避免建而不用、限制浪费是推进教育装备建设所要关注的核心问题。作为小规模学校所属的上一级部门，要健全教育装备的技术支持服务机构，建立省、市、县、学校及第三方专业服务商五级联动的技术支持服务队伍，县级要设立教育技术支持服务中心，负责教育装备的管理和技术支持。在技术支持服务机构的统管下，由这支专业的技术支持服务队伍来负责各校设备数据维护、设备入库、运行故障报修、报损等全过程管理。通过建立完善的技术支持保障体系，实现对学校设备的维修与维护及时到位，对教师技术操作与应用的有效管理和指导。

第二，确保教学法支持保障。对于乡村小规模学校而言，一是地处边远和偏僻，上一级的教科研或专家的指导一般难以获得；二是教师较少，无法较好地开展有效的校本教研。鉴于此，要保证小规模学校的教育装备能够有效地加以应用，还需要为教师提供有力的专家支持系统。一是从上一级管理部门确保教研人员、挂牌责任督学等业务指导专家与小规模学校的"一对一"的对口指导关系，明确相应教研人员、挂牌责任督学对于小规模学校教师教学支持与指导的责任与义务。在指导方式上，通过现场指导、远程指导、网上交流研讨等多种方式确保小规模学校教师教学过程中所需指导、帮助与支持的可获得性与有效性。二是通过连片教研的方式解决乡村小规模学校教师难以开展有效教研的问题。由教研员或相关专家组织，充分利用信息技术手段，将网上教研与现场连片教研有机结合，为农村小规模学校教育教学质量的提升提供有效的指导和支持。专家支持保障体系是促使教师使用好教育装备，进行教学改革和探索的基本动力。开展有效教研帮助教师提升使用教育装备进行有效教学的能力，让教师能够将设备和资源的使用与自己熟悉的方式结合起来，在各学科日常教学中进行教学方法改革，达成低技术环境下产出高教学质量的效果。

第五章　教育信息化的进展与对策

从发展趋势看，采取有效措施促进乡村小规模学校质量提升是推进我国义务教育均衡发展、促进城乡教育公平的重大议题。在信息社会高速发展的今天，技术已经成为推动教育革新的重大力量，利用信息化手段实现优质教育资源对乡村小规模学校的辐射，提升乡村小规模学校的办学条件和教育质量，缩小城乡数字鸿沟和教育差距已逐渐成为社会的共识。在国家的高度重视下，政府投入了大量的人力、物力和财力，不断推进乡村小规模学校的教育信息化。

一、推进教育信息化政策进展

我国曾经启动了多项工作，尝试利用信息化手段去更好地发展教学点，解决教学点教育问题。

（一）出台推进小规模学校信息化相关政策

2003 年 9 月，全国农村教育工作会议出台了《国务院关于进一步加强农村教育工作的决定》，提出 "农村中小学现代远程教育工程"（简称 "农远工程"）并开始实施，以信息技术为手段，采取教学光盘播放点、卫星教学收视点、计算机教室三种模式将优质教育资源传输到农村的教学方法试点工程，以改善农村中小学师资力量较差、教学资源不足的现状。

2007 年，教育部在 "校校通""农远工程" 之后，提出了 "班班通、堂堂用" 的理念，"班班通" 工程作为农远工程向教学一线的延伸和拓展。2008 年，教育部工作重点又一次明确提出 "扩大农村现代远程教育网络覆盖面，进一步提高应用水平，努力实现'班班通、堂堂用'，促进优质资源共享"。在教育部的部署下，各地积极开展 "班班通" 工作，进行区域规划、建设及教学实施。"班班通" 是一个融合了基础设施、软件资源以及教育教学整合等内容的系统工程，包括通硬件、通资源、通方法，为农村学校教师实现信息技术与学科日常教学的有效整合，促进教与学方式的变革提供了重要支撑。

2011 年，财政部会同教育部出台《关于实施农村义务教育薄弱学校改造计划》，在重点支持的两类项目中的 "教学装备类" 项目，明确指出 "为农村薄弱学校每个班级配置多媒体远程教学设备，提高教育信息化水平"。其中，农村义务教育薄弱学校的重要群体就是乡村小规模学校。

2012 年，根据《教育部等九部门关于加快推进教育信息化当前几项重点工作的通知》要求，教育部、财政部于 2012 年年底全面启动了 "教学点数字教育资源全覆盖" 项目，为农村边远地区教学点提供设备和资源，帮助其开齐开足国家规定的课程。

2012 年 9 月 5 日时任国务委员刘延东，在全国教育信息化工作电视电话会议上提出，"十二五"期间，要以建设好"三通两平台"为抓手，也就是"宽带网络校校通、优质资源班班通、网络学习空间人人通"，建设教育资源公共服务平台和教育管理公共服务平台。

"宽带网络校校通"从建设角度讲是要完成两项任务：为学校提供宽带接入条件和在学校内部建成网络条件下的基本教学环境；建设目标是到 2015 年基本覆盖乡镇及乡镇以上的所有校舍条件允许的中小学校。

"优质资源班班通"的根本目的是推进信息技术在教学和教研活动中的普遍应用。推进优质教育资源的共享，应重点推进"专递课堂""名师课堂"和"名校网络课堂"的建设。专递课堂是指利用网上同步上课的方式，使边远地区上不起课、上不好课的农村学校与拥有相对丰富教育资源的城市中心学校同上一堂课，以共享优质教育资源，提高教学质量。名师课堂是指组织特级教师、教学名师开设网络课堂，形成更多更好的优质网络教育资源，探索网上教研活动的组织形态，使名师资源得到更大范围的共享。名校网络课堂是指利用网络课堂的形式，使名校丰富的教育资源更多更广地扩散，让更多的学生受益。"优质资源班班通"最核心的工作，就是要使每一个基本具备网络条件的学校和教师自觉地运用信息技术，要使利用信息技术实现优质教育资源的共享成为教学、教研活动的常态。

2018 年 5 月，国务院发布《关于全面加强乡村小规模学校和乡镇寄宿制学校建设的指导意见》，从统筹布局规划、改善办学条件、强化师资建设、强化经费保障和提高办学水平等方面提出对乡村小规模学校建设与发展的综合性指导意见，提出了努力的方向和具体改革举措。

针对教学点联网"最后一公里"的问题，2018 年 12 月，教育部办公厅、工业和信息化部办公厅发布了《关于学校联网攻坚行动的通知》，提出通过精准建立全国中小学（含教学点）宽带接入台账、加快未联网学校宽带接入进程、推出学校网络资费优惠政策，实现到 2020 年年底前，全国学校网络接入和带宽条件全面改善，中小学（含教学点）宽带接入率达到 98% 以上、出口带宽达到 100M 以上，并探索采用卫星通信等多种技术手段实现学校互联网全覆盖，真正实现"宽带网络校校通"。

（二）政策发展趋势和脉络分析

1. 乡村小规模学校成为教育信息化政策关注的短板

乡村小规模学校处在农村教育系统的底层，地处偏远，交通不便，办学条件极为恶劣，完全被排除在了整个国家教育信息化发展的浪潮之外。信息技术推动教育变革是整个国家乃至世界教育发展的潮流，在乡村小规模学校开展信息化教育，让农村偏远地区儿童能够接触新的教学方法和教育模式，以保证其适应信息化社会的高速发展。信息技术的交互性、开放性和共享性也让优质教育资源在不同地区、不同学校间的快速流动和共建共享成了可能，通过推动学校信息化发展来实现优质教育资源对乡村小规模学校的覆盖，解决乡村小规模学校的"缺师少教"难题成了一个可行的办法。我国农村教育信息化的政策导向开始逐渐关注到乡村小规模学校为主的农村薄弱学校。在"班班通""三通两平台"等信息化工程的建设中，很多地方政府都将在农村教学点普及"班班通设备"列为主要建设目标。教育部 2012 年年底启动的"教学点数字教育资源全覆盖"项目，把偏远农村地区的薄弱型学校作为主要建设对象，是第一个专门针对乡村小规模学校信息化发展的国家级专项工程。整个工程以帮助农村教学点开齐、开足和开好国家规定课程为基本目标，支持各教学点建设可接收数字教育资源并利用资源开展教学的基本硬件设施，实现优质数字教育资源对教学点的全覆盖。

2. 重点在于小规模学校对优质教育资源的可得性

目前，我国大多数城市学校的信息化发展已经进入了应用阶段，而从起步阶段到应用阶段的过渡之路，广大农村学校尤其是乡村小规模学校步步维艰。一方面，我国农村学校教育信息化经费投入不充足，单为学校配置信息化硬件设施已略显不足，再难负担各类信息化软件资源建设的成本；另一方面，地方政府在农村学校信息化建设中也常常急功近利，倾向于将有限的资金投入硬件设备上，而选择性忽视了软件资源建设。自 2013 年起，教育部在全国范围内全面启动了"教学点数字教育资源全覆盖项目"，用两年时间为全国近 7 万个农村教学点推送优质的信息化教学资源。据 2016 年全国教育信息化专项督导报告分析表明，全国 6.4 万个教学点全面完成教学点数字教育资源全覆盖项目建设任务，实现设备配备到位和资源配送、教学应用基本到位。其中，2.5 万个教学点接通了互联网，其余教学点则可以卫星接收等方式接收数字教育资源；教学点已配备多媒体教学设备 6.4 万套。

3. 关键在于小规模学校的师资队伍能力提升

《教育信息化十年发展规划（2011—2020 年）》第十章"增强信息化应用与服务能力"中指出，队伍建设是发展教育信息化的基本保障。造就业务精湛、结构合理的教育信息化师资队伍、专业队伍、管理队伍，为教育信息化提供人才支撑。

教育部 2013 年启动的教学点数字教育资源全覆盖项目中，在保证资源易用性的基础上，针对农村教学点教师信息技术能力的短板，教育部还为帮助农村教学点教师掌握设备和资源的使用方法组织了专项培训，为全国每所农村教学点至少培训一名骨干教师，强调农村教学实际应用和直面农村学校实际问题，让"设备动起来，老师用起来"，以真正在农村教学点发挥信息技术促进教育发展的实质作用。

教育部于 2013 年发布《关于实施全国中小学教师信息技术应用能力提升工程的意见》，提升工程围绕"应用"这一核心任务，以农村教师为重点，将"培训—测评—应用"相结合，开展信息技术应用能力测评，要求各地要将教师信息技术应用能力作为教师资格认定、资格定期注册、职务（职称）评聘和考核奖励等的必备条件，列入中小学办学水平评估和校长考评的指标体系。以评促学，激发教师持续学习动力，建立教师主动应用机制，推动每个教师在课堂教学和日常工作中有效应用信息技术。

《国务院关于全面加强乡村小规模学校和乡镇寄宿制学校建设的指导意见》在"强化师资建设"部分重点提出要改革教师培养培训，提出要"适应一些乡村小规模学校教师包班、复式教学需要，注重培养一批职业精神牢固、学科知识全面、专业基础扎实的'一专多能'乡村教师"。

二、小规模学校推进教育信息化的最大困境

近年来，在我国农村地区信息化基础硬件水平迅速提高后，各项农村学校信息化建设项目开始逐渐向薄弱学校倾斜，这给乡村小规模学校信息化办学条件的改善带来了良好的发展机遇。在"班班通""农远工程""农村薄弱学校改造工程""教学点数字教育资源全覆盖"等工程的专项资金支持下，乡村小规模学校的信息化硬件设施配备水平取得了明显的进步。在实地调研中发现，很多乡村小规模学校都连通了网络，配备了最新型的信息化教学设备，信息化条件大为改善。

（一）现有信息化设备无法满足实质教学需求

乡村小规模学校在基础信息化教学设施条件上确实得到了较大的改善，在开展信息化教学上具备了一定的基础。同时，由于学生少，使其在生均指标上实现了对城市学校的超越。实地调研发现，各个地方政府给乡村小规模学校配置信息化教学设备时，普遍的做法是一个学校保证一套设备。虽然就学生人数而言，乡村小规模学校的信息化设备配置看起来是足够，甚至超越了城市学校的标准。尽管乡村小规模学校学生少，但绝大多数学校的年级和班级至少在3个左右，这样一套信息化设备的配置在使用中很难满足教学需求。实地调研中，课题组也时常会听到教师们对于信息化设备不够用的抱怨。

（二）教师能力短板导致已有信息化设备利用率低

很多研究表明，农村教师普遍专业能力不高，极大影响了农村信息化教学的实施效果。有研究者对农村中小学"班班通"应用现状进行了调研，发现农村教师的信息技术应用水平堪忧。74%的教师不能使用多媒体制作工具、制作多媒体素材。在对教师信息技术与学科整合程度进行测量时，相当一部分教师只是把"班班通"设备当作教学工具用来收集教学信息，或以屏幕代替板书进行演示，只有55%的教师能利用图片、视频或动画来创设学习情境，激发学生思考（杨永双，2010）。有研究者调研发现，农村教师信息技术知识与能力比较欠缺。大多数教师仍然采用传统的讲授式教学，或简单借助远程教育资源补充课堂讲授内容，缺乏通过主动挖掘资源优势来改善教学环境的能力。另外，在资源利用方式上，少有教师能自己组织资源为学生构建一些基于问题、基于情境的协作式学习环境（杨永贤，罗瑞，杨晓宏，2009）。实地调研发现，多数乡村小规模学校尽管拥有先进的"班班通"多媒体设备，但设备利用率极低，有的先进设备甚至束之高阁被闲置。教师们反映不会用，而且出现故障维修也存在困难，常常半个月都得不到维修；学生们反映教师很少在教学中应用信息化设备，有少数教师用也多为演示板书，白板代替黑板，而教学方式没有任何改变。

（三）缺乏足够的支持保障导致设备应用水平不高

调研中教师们普遍反映，学校及教育主管部门对小规模学校教师信息技术能力提升的支持不到位。调研数据显示，只有 2.00% 的乡村小规模学校设立了对教师提供技术支持和帮助的机构或组织，而 23.80% 的农村中大规模学校和全部的城市学校都设立了这样的机构或组织（韦妙，2016）。乡村小规模学校教师在面对技术操作和信息化教学难题时往往得不到及时的指导帮助，实地调研中，有教师因为"上一节课要花很长时间自己钻研摸索，太费时间"的原因排斥信息化教学。调查数据显示，有 24.10% 的乡村小规模学校教师会因为在信息化教学中碰到问题无法解决而改用传统教学方式。除此之外，教育主管部门组织的各级各类信息技术培训并没有很好地惠及乡村小规模学校教师，不仅培训机会少，而且培训层次相对低。

三、信息化助力乡村小规模学校发展

尽管乡村小规模学校推进教育信息化面临着诸多困境，但各地基于已有的信息化条件，开展积极的探索和实践，不断助力乡村小规模学校教育教学质量提升和可持续发展。

（一）需求导向建设信息化环境

当下乡村小规模学校遵循的是投入型的信息化硬件建设思路，引进各种新技术和新设备成了学校信息化发展最简单也最高效的办法。对于学校信息化发展更多地看"生机比""多媒体教室"等数量型指标，从实践效果来看，这种信息化建设思路并不能很好地满足乡村小规模学校的实际需求，导致乡村小规模学校大量硬件设备闲置和有效硬件资源不足并存的怪象。因此，乡村小规模学校的信息化硬件建设必须遵循需求导向。应在对学校的信息化硬件资源需求进行科学分析和论证的基础上，明确满足各类乡村小规模学校发展和师生需求的教师用机、学生用机、多媒体设备、网络教室及校园网络等硬件资源的配备标准。通过实行以需求为导向的弹性项目建设标准，使有限的硬件资源投入最大化地满足乡村小规模学校的实际需求（韦妙，2016）。在加大乡村小规模学校信息化教学设备配备力度的同时，也要注重信息化硬件配套环境的构建。第一，要进一步提高乡村小规模学校的网络覆盖率，逐步提高网络带宽。第二，改善乡村小规模学校的信息化办公条件。政府要将改善教师信息化办公条件纳入乡村小规模学校信息化硬件建设的发展规划，为乡村教师开展信息化教学和自身信息化专业发展提供便利。第三，在乡村小规模学校配备微机室，为学生提供基本的上机环境。具体操作层面上，综合考虑学生数和经费的承受能力，采取灵活的方式为乡村小规模学校配置微机室。经济条件相对较好的乡村小规模学校，可按照两位学生共用一台电脑的标准（最大班额除以 2）建设微机室；对于当前经济条件相对薄弱的乡村小规模学校，建立学校教师用机面向学生定期开放制度，最大化地发挥电脑效用，尽可能地利用现有的条件增加学生动手操作的机会。

（二）实施"在线课堂"和建设"网校"，解决"缺师少教"

很多教学点或乡村小规模学校留存相对多的省份多为农业省份，山区和边远贫困地区的学校和学生数量较多，尤其是在城镇化背景下，农村教育的短板及教学点的低谷现象较为明显。这些地区师资短缺，特别是音乐、体育、美术、英语、信息技术教师严重匮乏，极大影响了学生所接受教育的质量。自 2013 年起，安徽省的部分地区开始探索在线课堂教学实验，创新推出"两同步""三统一"在线课堂教学模式，形成了具有鲜明特色的安徽经验。在县域内农村中心学校或城区优质小学设立主讲课堂，在教学点设立接收课堂，教师在主讲课堂授课，教学点学生在接收课堂通过网络收看，并与主讲教师进行网上教学互动，实现课堂异地双向同步。在县级教研部门指导下，由中心校统一安排在线课堂教学课表，实行教学计划、教学课表、教学进度"三统一"。在课程方面，以音乐、美术和英语学科为主，可结合实际开设语文、数学、思想品德、写字等课程。

湖北省从互联网接入、软硬件设备配备、教室环境和综合布线等方面出台了"教学点网校"建设标准，开展农村教学点网校试点项目。探索同步课堂或专递课堂，以网络为载体，研究"名师课堂对接""专递课堂"和"网络教研"的模式，通过"1+2 网络联校"或"1+3 网络联校"的教学研究活动，达到"同步备课、同步授课、同步作业、同步考试"的效果，以此助力乡村小规模学校开齐开好课程，全面提高教育教学质量。

通过在线课堂或教学点网校的实施，促进了乡村小规模学校课程的全面开设。参与试点地区的乡村小规模学校通过在线课堂教学，特别是音乐、美术课的常态化教学，扩大了学生的视野，教师和学生的精神面貌发生了很大的变化，学生学习更加积极主动，课堂更加活跃。这些举措使教学点的学生享受到和城镇孩子一样的优质教育。很多学生家长表示，有了这种教学方式，不再想把孩子转到其他地方的学校去了。另外，也提升了乡村小规模学校教师的信息技术应用能力，更新了教学理念、提高了教学技能，改进了教学方法。利用在线课堂的直播和录播功能，开展异地教研，使教师足不出户就可以参加教学观摩与交流。

（三）多举措解决应用驱动问题

要真正体现"应用驱动"的战略构想，达到信息技术更好地服务薄弱学校的开齐课、开好课和提高教学质量的目的，需要实施多举措推动教师，不仅要用起来，而且要用得好和用得妙。

首先，着力解决教师"想用"的问题。网络环境下的信息化教学让许多农村教师感到束手无策，要以让教师"想用"为出发点，从两个方面努力：第一，做好典型引路。向一些偏远学校派去启明星团队和城区优秀支教教师，并出台政策，每年向初小、教学点定向招录教师，这些教师都能充分运用信息技术手段进行教学，快捷的资源利用、直观的高效课堂、热烈的互动氛围让其他教师也产生了用用看的冲动。第二，精心组织培训。积极开展不同对象和不同层次的培训工作，包括校长领导力提升、骨干教师高级研修、教师全员培训及校本培训等。应让校长及教师们不断转变观念，正确认识信息化及其应用。

其次，着力解决教师"好用"的问题。为让教师们真正体会到教育信息化的便捷与高效，要从创设环境、资源利用、服务教学三方面来努力。第一，优化硬件环境。根据"以用促建"的原则，以"宽带网络校校通""优质资源班班通"建设为抓手，全面实现"校校通"和"班班通"，为小规模学校教师配足教学用电脑。第二，搭建多样平台。在中央、省电教馆两级平台支持下，打造"数字学校"，重点解决农村教学点"开齐课、开好课"的问题。打造优质教学资源共享的教学共同体，为优质资源共建共享提供平台。第三，汇聚多方资源。有了好的硬件环境和软件平台，要让教师们运用得得心应手，需要有海量资源作支撑，让教学丰满起来。

最后，着力解决教师"用好"的问题。第一，修订考核评价体系。通过评价促进学校和教师转变认识，鼓励教师使用信息技术进行教学，让教师在资源获取上熟练便捷起来，在备课、辅导、作业布置批改上轻松起来，真正形成信息技术"堂堂用、人人用"的良好局面。第二，积极开展教师网上备课和网络教研活动。通过开展备课、案例分析、教学反思等多种形式的基于网络环境的研修活动，促进区域内所有教师专业能力的共同提高。

（四）建立乡村小规模学校信息化发展联盟推动协同发展

乡村小规模学校联盟是指同一区域内的多所农村薄弱学校联合起来，结成联盟，相互支援，寻求协同发展的一种创新模式。作为一种互惠共生的发展模式，联盟中的每一所学校都是寻求自主发展的利益主体，这有利于校际之间的教育资源共享。乡村小规模学校联盟需要整合优质教育资源，实现资源的流动与共享。借鉴英国小规模学校的发展经验，政府应该尝试在农村地区建立乡村小规模学校的联合体，将分散在村落之间的小规模学校按照地理位置关系划分区域，每个区域的小规模学校组成信息化发展联盟。作为信息化发展联盟的一员，联盟中的不同学校可以共享信息化设备、信息技术专业人员、信息技术等小学科的优质师资；可开展关于信息化教学、信息化特色活动和课程的连片教研；可以借助信息技术手段，不断提高联盟各成员校的管理水平。另外，信息化手段也是实现教育资源共享的有效途径。随着现代化信息技术的不断发展，网络技术、多媒体技术等先进技术与传统媒体形态共同构成了全媒体环境，为学校之间的资源交流和共享提供了有力的技术支持。乡村小规模学校通过充分利用全媒体环境和网络平台，共享优质教育资源，不断提升教育教学质量。

第六章　教师资源配置与教师专业发展

一、乡村小规模学校教师配备

乡村小规模学校的师资配置严重不足，优质教师补充尤其困难。国家出台了多项政策文件，通过多种方式补充和配备教师资源。但是，全国小规模学校专任教师缺口较大。其中，乡村小规模学校专任教师的缺口尤其大。

（一）乡村小规模学校教师队伍基本状况

1. 教师年龄及教龄

课题调研数据分析结果显示，在乡村小规模学校中，41.16% 的学校教师年龄在 50 岁以上，近一半的学校教师教龄在 20 年以上。

2. 教师学历及职称

课题调研数据显示，在乡村小规模学校教师的学历，41.36% 的教师学历为专科，42.62% 的教师学历为本科，16.02% 的教师学历为高中或中专；在教师职称上，3.18% 的教师职称为高级，37.28% 的教师为一级，27.43% 的教师为二级，8.90% 的教师为三级，23.25% 的教师未定职级。二成多教师未定职称，该现象值得进行后续研究。

3. 走教教师状况

2018 年，国务院发布的《关于全面深化新时代教师队伍建设改革的意见》明确指出，实行学区（乡镇）内走教制度，地方政府可根据实际给予相应补贴。但调研组发现了以下三种情况。

第一，近八成的小规模学校没有走教教师。❶ 在 443 份有效数据中，近八成的学校没有走教教师，校长选择比例达到 80.70%；仅有 19.30% 的学校有走教教师，见图 6.1。

第二，走教教师缺乏补助。在走教教师补助上，除了高达 78.56% 的学校没有选择外，有 15.80% 的校长反映走教教师没有享受到任何补助，有补助的学校比例仅 5.64%。因此，走教教师补助力度的缺乏，是推动教师走教工作顺利开展的主要困难之一。

第三，小规模学校走教教师比例低于规模大的学校。从学校规模看，规模大的学校走教教师比例还要高于小规模学校。这在一定程度上反映了推动乡村

---

❶ 如无特殊说明，调研中所指小规模学校，均指学生规模不到 100 人的学校以及村小和教学点。

教师到教学点或村小走教工作的难度比较大。小规模学校一般位置比较偏僻，交通不便利和交通风险给学校及走教教师带来更多顾虑，导致小规模学校原本应有更多的走教教师承担教学任务，但实际比例却低于规模较大的学校。

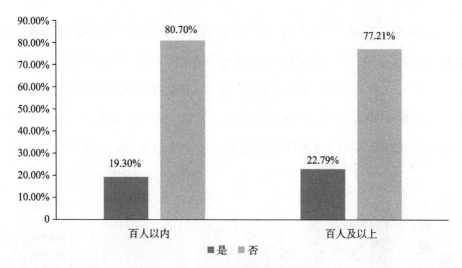

图 6.1　不同学校规模的走教教师情况

（二）乡村小规模学校教师配备及标准

2015 年，国务院颁布《乡村教师支持计划（2015—2020 年）》文件明确指出，统一城乡教职工编制标准。乡村中小学教职工编制按照城市标准统一核定。其中，村小学、教学点编制按照生师比和班师比相结合的方式核定。县级教育部门在核定的编制总额内，按照班额、生源等情况统筹分配各校教职工编制，并报同级机构编制部门和财政部门备案。通过调剂编制、加强人员配备等方式，进一步向人口稀少的教学点、村小学倾斜，重点解决教师全覆盖问题，确保乡村学校开足和开齐国家规定的课程。

1. 教师配备现状

（1）生师比现状。调研发现，从生师比看，教学点或村小达到国家标准的学校比例最高。总体上看，生师比满足国家标准要求的学校比例为 67.73%，如图 6.2 所示。其中，100 人以内的小规模学校，生师比满足国家标准要求的学校比例比较高，达到 93.53%，远高于在校生为 100 人及以上的学校占比 51.48%。从学校类型上看，教学点或村小生师比满足国家标准的学校比例最高，达到 72.18%。

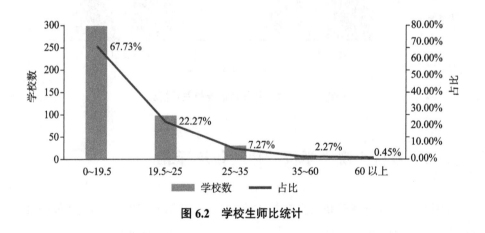

图 6.2　学校生师比统计

（2）跨年级兼教课情况。调研发现，乡村小规模学校教师数量不足，兼教多个年级多个科目。总体上看，教学点或村小教师本学期教 2 个或 3 个年级以上的比例较高，总体为 39.69%，比乡镇中心校教师高 10%，见图 6.3。

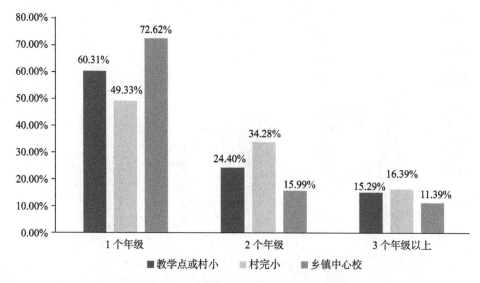

图 6.3 不同类型学校教师跨年级兼教课情况

调研发现，乡村小规模学校教师主教两门及以上课程的比例为 55.6%，乡镇中心校该项比例仅为 34.01%。乡村小规模学校教师兼教三门及以上的比例高达 21.36%，乡镇中心校该项比例仅为 8.65%，见图 6.4。

2. 教师配备标准

（1）教师配备依据。在国家层面，中央编办印发《关于统一城乡中小学教职工编制标准的通知》，提出统一编制标准，促进城乡中小学教育资源均衡配置。将县镇、农村中小学教职工编制标准统一到城市标准，即初中为 1：13.5、小学为 1：19。根据当前基础教育均衡发展的新要求，各地在严格执行国家关于向农村边远地区倾斜等规定的同时，重点对学生规模较小的村小、教学点，按照教职工与学生比例和教职工与班级比例相结合的方式核定教职工编制。

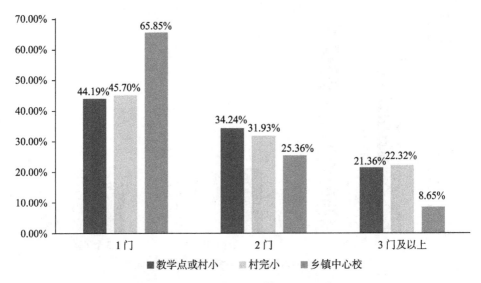

图 6.4　不同类型学校教师主教课程情况

从地方层面看，不少省先试先行，探索配备教师标准的好办法。湖南省按照教学点规模和课程开设合理配备教师，教师学历应达到规定要求，须具有全科教学能力和小学一级以上技术职称。开设英语课的教学点，须选配具有英语教学能力的教师。安徽省规定，教师应具备相应资格条件，逐步为教学点配备具有全科教学能力的教师。河北省石家庄市平山县规定教学点实行教师资格准入制度，要求选拔责任心强、教学水平高的教师到教学点任教。

部分省按照班师比等方式配备小规模学校的教师。福建省规定，在校生在31~200 人的学校按班师比 1∶1.7 配备教师，在校生在 10~30 人的至少配备 2 名教师，在校生在 10 人以下的至少配备 1 名教师。江西省规定，成班率较低的教学点，应按每班不少于 1.5 名教师的标准足额配备教师。湖南省和青海省规定，原则上，一个教学班配备 2 名教师。河北省石家庄市平山县规定，在校生在

30~100 人的按班师比 1∶1.7 配备教师,在校生在 10~30 人的至少配备 2 名教师,在校生在 10 人以下的至少配备 1 名教师。

调研中发现,校长普遍认为班师比、学科与教师比是小规模学校教师合理配置的依据。从校长问卷调查分析结果来看,72.91% 的校长认为"生师比"并不是理想的教师配置依据;将"班师比"作为合理配置依据的校长比例达到 67.04%;选择将"学科与教师比"作为教师合理配置依据的校长比例有 58.69%。因此,无论是第一位的选择,还是第一位及第二位选择的合计,均有超过半数的校长认为"班师比""课时与教师比"是合理配置教师资源的主要依据,见表 6.1。

表 6.1 教师资源合理配置依据选择情况

依据	顺序	数量	占比	依据	数量	占比
生师比	第一位	95	21.44%	学科与教师比	112	25.28%
	第二位	25	5.64%		148	33.41%
班师比	第一位	213	48.08%	课时与教师比	19	4.29%
	第二位	84	18.96%		47	10.61%

从学校规模看,无论是 100 人以内还是 100 人及以上的学校,校长均普遍认为"班师比""学科与教师比"是教师资源合理配置的主要依据。但是,在生师比的选择比例上,100 人及以上的学校校长将"生师比"作为第一位和第二位的比例是 33.46%,比 100 人以下的学校比例高出约 16.5%,见表 6.2。这表明,随着学校规模的扩大,生师比作为教师资源配置依据的合理性也在提高。

这一规律同样反映在了学校不同类型上。乡镇中心校校长将"生师比"作为第一位和第二位依据的比例是36.94%，高于完小、教学点及村小的比例。但总体上，不同类型学校的校长也普遍将"班师比""学科与教师比"作为教师资源合理配置的主要依据。

表 6.2　不同规模与类型学校校长对教师资源合理配置依据选择情况

学校规模和类型		生师比		班师比		学科与教师比		课时与教师比	
		第一位	第二位	第一位	第二位	第一位	第二位	第一位	第二位
规模	100人以内	13.45%	3.51%	52.63%	16.96%	29.82%	35.09%	2.92%	13.45%
	100人及以上	26.47%	6.99%	45.22%	20.22%	22.43%	32.35%	5.15%	8.82%
类型	教学点或村小	18.66%	3.73%	50.75%	21.64%	23.13%	32.09%	6.72%	9.70%
	完小	19.19%	5.56%	51.01%	15.66%	26.26%	36.36%	2.53%	11.62%
	乡镇中心校	28.83%	8.11%	39.64%	21.62%	26.13%	29.73%	4.50%	9.91%

（2）教师配置标准。每班应配备的教师数在2（含2）到3人。在439份有效调查数据中，参照本校的教学班数，有56.26%的校长认为每班应配备的教师数在2（含2）到3人，占比最高。另有20.73%的校长选择每班应配备3（含3）到4人，还有17.08%的校长认为每班应配备教师1（含1）到2人，见表6.3。因此，从教育教学实际需要出发，如果以班师比为教师配置依据的话，每班应配备2（含2）到3人，有条件的地方可以适当地提高到3（含3）到4人。

从校长选择比例上看，在不同规模的学校中，认为每班应配置2（含2）到3名教师的校长比例都是最高的，分别是52.98%和58.30%。两者略有差异之处在于，100人以下规模的学校校长认为每班配置教师1（含1）到2人的比例位居第二，达到29.17%；而100人及以上规模学校校长认为每班应配置3（含3）到4名教师的比例位居第三，达到25.46%，见表6.3。这反映了随着学校规模的扩大，随着班额的扩大，每班需要配备的教师数量也要相应增加。

表 6.3　不同学校规模按班师比的教师配置标准

教师人数	100 人以内		100 人及以上	
	学校数	占比	学校数	占比
1 人以下	2	1.19%	2	0.74%
1（含 1）~2 人	49	29.17%	26	9.59%
2（含 2）~3 人	89	52.98%	158	58.30%
3（含 3）~4 人	22	13.10%	69	25.46%
4（含 4）~5 人	4	2.38%	8	2.95%
5（含 5）~6 人	1	0.60%	7	2.58%
6 人及以上	1	0.60%	1	0.37%

在不同类型的学校中，教学点或村小、完小、乡镇中心校的校长比例最高的选择分别是每班应配备教师2（含2）到3人、2（含2）到3人、3（含3）到4人，比例分别是58.33%、64.29%和40.54%。其中，乡镇中心校选择每班配备教师2（含2）到3人的比例有39.64%，略低于3（含3）到4人，见表6.4。因此，从学校类型划分，合理的班师比标准应当是教学点或村小、完小可以是2（含2）到3人，小一些规模的乡镇中心校每班可配备教师2（含2）到3人，规模稍大一些的可以配置3（含3）到4人。

表 6.4　不同类型学校按班师比的教师配置标准

教师人数	教学点或村小		完小		乡镇中心校	
	学校数	占比	学校数	占比	学校数	占比
1 人以下	1	0.76%	3	1.53%	—	—
1（含 1）~2 人	36	27.27%	36	18.37%	3	2.70%
2（含 2）~3 人	77	58.33%	126	64.29%	44	39.64%
3（含 3）~4 人	16	12.12%	30	15.31%	45	40.54%
4（含 4）~5 人	1	0.76%	1	0.51%	10	9.01%
5（含 5）~6 人	1	0.76%	—	—	7	6.31%
6 人及以上	—	—	—	—	2	1.80%

（3）学科教师配备。《关于统一城乡中小学教职工编制标准的通知》提出要在县域范围内统筹中小学教师资源，确保基本开齐开足国家规定课程，特别是体育、音乐、美术和科学技术等课程，以保障基础教育发展需要和素质教育全面实施。在地方层面，江西等多省规定，音乐、体育和美术等课程没有专职教师的，应由所属中心校配备兼职教师，实行走教和巡回讲课。

调研发现，乡村小规模学校副科专任教师普遍匮乏。从学科来看，每个学科基本上都有 10% 左右的学校反映没有任教教师，尤其是英语、科学和体育任教教师缺口相对更大。此外，即使学校有学科任教教师，但是每个学科基本上有四成左右的学校只有一名教师。从学科专业教师任教情况看，教师缺口更为严重，除英语专业教师比例稍高一些之外，其他学科基本都有六七成的学校反映本校缺少相应学科的专业教师，这一比例远远高于任教教师。其中，信息技术、科学课专业教师缺口均在 75% 以上，见表 6.5。这说明，在绝大多数的学校里，副科教学是由其他学科教师兼课，或者是由非专业教师任教。

表 6.5　乡村小规模学校学科任教教师和专业教师情况

数量	音乐教师		体育教师		美术教师	
	任课教师	专业教师	任课教师	专业教师	任课教师	专业教师
0	13.17%	78.11%	10.84%	71.76%	12.73%	72.35%
1	61.68%	20.71%	60.24%	24.12%	60.61%	24.71%
2	15.57%	0.59%	18.07%	2.94%	14.55%	2.35%
3	5.99%	0.00%	8.43%	0.59%	7.88%	0.00%
4	3.59%	0.59%	2.41%	0.59%	4.24%	0.59%

数量	信息技术教师		科学教师		英语教师	
	任课教师	专业教师	任课教师	专业教师	任课教师	专业教师
0	21.64%	86.98%	10.82%	75.47%	8.19%	52.60%
1	62.57%	12.43%	26.80%	10.57%	54.39%	36.99%
2	9.36%	0.00%	20.62%	6.79%	21.05%	8.67%

　　乡村小规模学校认为亟待配备的学科教师为音乐、美术和体育教师。按照比例高低排序，乡村小规模学校认为学校亟待配备音乐教师比例为 78.32%，配备美术教师比例为 74.14%，配备体育教师比例为 59.036%，配备综合实践教师比例为 52.77%，配备英语教师比例为 43.14%，配备信息技术教师比例为 38.85%，配备科学教师比例为 31.73%，配备思想品德教师比例为 26.91%，配备语文教师比例为 16.23%，配备数学教师比例为 14.24%，配备心理健康教师比例为 1.88%，见图 6.5。

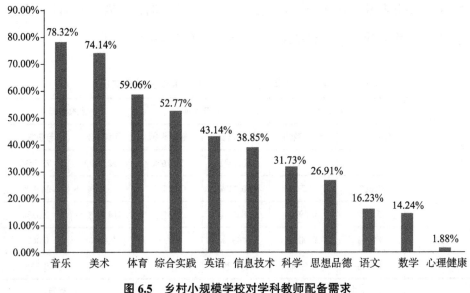

图6.5 乡村小规模学校对学科教师配备需求

3. 教师补充的地方政策和做法

国务院颁布的《乡村教师支持计划（2015—2020年）》明确提出：拓展乡村教师补充渠道；鼓励省级人民政府建立统筹规划、统一选拔的乡村教师补充机制，为乡村学校持续输送大批优秀高校毕业生；扩大农村教师特岗计划实施规模，重点支持中西部老少边穷岛等贫困地区补充乡村教师，适时提高特岗教师工资性补助标准；鼓励地方政府和师范院校根据当地乡村教育实际需求加强本土化培养，采取多种方式定向培养"一专多能"的乡村教师。从课题组的实地调研分析来看，各地在乡村小规模学校教师补充机制方面积累了很多很好的经验。

湖北省恩施市正在试行农村小学全科教师定向委培制度，对本地建档立卡贫困户家庭的高中毕业生，通过三年实施定向委培后，充实到农村教学点任教。在湖北宜都市，为了解决乡村小规模学校结构性缺编问题，在师资补充方面根据学科需求精准配置，如湖北省农村义务教育新机制教师招录，招录前各县（市、区）会上交需求，包括所需学科专业、人数等，并一一对应到所有农村义务教育阶段学校。

有的地方运用人性化管理方式，吸引更多教师到小规模学校任教。吉林农安县从长远留得住的角度，考虑从联谊的角度解决年轻教师们的恋爱成家问题。同时，对于 29 周岁及以上单身的年轻教师，在村小服务满三年后可以调回乡镇中心校工作。

2013—2017 年，广西实施农村小学全科教师定向培养计划，培养 5000 名左右能胜任小学各门课程教学任务的农村小学教师，进一步优化农村教师队伍结构，提高农村教育质量。该计划立足农村教师素质需求，定向招录一批初中、高中优秀毕业生，分别按照 5 年制、2 年制专科层次小学教育专业培养方案，培养一批既能适应基础教育改革发展和全面实施素质教育需要，又能承担农村小学各门课程教学任务的全科教师。定向师范生在校期间享受免费教育，毕业后按协议定向就业。

二、乡村小规模学校教师专业发展

国务院颁布的《乡村教师支持计划（2015—2020 年）》文件明确指出，全面提升乡村教师能力素质。到 2020 年前，对全体乡村教师校长进行 360 学时的培训。省级人民政府要统筹规划和支持全员培训，市、县级人民政府要切实履行实施主体责任。整合高等学校、县级教师发展中心和中小学校优质资源，建立乡村教师校长专业发展支持服务体系。将师德教育作为乡村教师培训的首要内容，全面提升乡村教师信息技术应用能力。按照乡村教师的实际需求改进培训方式，采取顶岗置换、网络研修、送教下乡、专家指导、校本研修等多种形式，增强培训的针对性和实效性。从调研中可以看到，乡村小规模学校教师整体缺乏培训，信息化培训方式效果不佳，教师对学习困难生解决办法、学生行为和管理的相关培训需要比较迫切。

（一）乡村小规模学校教师培训状况

1. 乡村小规模学校教师缺乏培训

调研显示，乡村小规模学校教师缺乏基本的培训与进修学习机会，参加外出培训和教研交流活动的比例均低于乡镇中心校教师。乡村小规模学校教师近三年参加各种培训的机会与时长都低于乡镇中心校。

乡村小规模学校教师关于近三年参加国培情况，没有参加国培计划的比例为 64.4%，不足 7 天的比例为 11.52%，7~10 天的比例为 10.57%，10 天以上的比例为 13.51%。

乡村小规模学校教师关于近三年参加省市培情况，没有参加省市培训的比例为 67.23%，不足 7 天的比例为 16.96%，7~10 天的比例为 7.75%，10 天以上的比例为 8.06%。

乡村小规模学校教师关于近三年参加县级培训情况，没有参加培训的比例为 33.51%，不足 7 天的比例为 39.48%，7~10 天的比例为 12.04%，10 天以上的比例为 14.97%，见图 6.6。

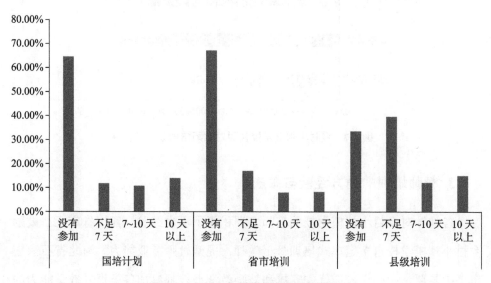

图 6.6　乡村小规模学校教师培训情况

2. 乡村小规模学校教师对专家指导认可度较高

乡村小规模学校教师认可专家指导的比例较高，认为远程培训效果较差。调研发现，教师认为集中面授（脱产）培训效果较大或很大的比例为 59.67%，远程培训效果较大或很大的比例为 33.16%，送培送教效果较大或很大的比例为 63.66%，校本研修效果较大或很大的比例为 54.86%，专家指导效果较大或很大的比例为 70.4%，见图 6.7。

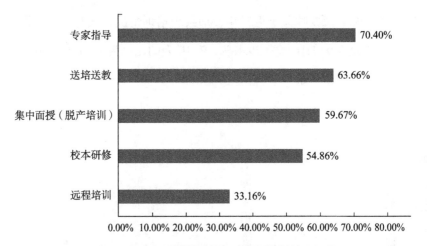

图6.7　乡村小规模学校教师对教师培训效果评价

3. 教师培训的地方经验与做法

　　各地针对乡村小规模学校的教师培训积累了不少经验。四川省广元市鼓励乡村小规模学校自主定单式培训骨干教师，提升教师专业能力。河北省石家庄市平山县要求中心学校应优先安排和鼓励教学点教师参加各类提升教学能力的培训活动。吉林省长春市农安县要求国培、省培、县培精准落户到村小，让村小教师直接参加各级培训。中心校要建立村小划片研修机制，选派村小优秀教师出去参加培训、交流。

　　未来各地需要结合乡村小规模学校自身特色，提出适应乡村小规模学校教师专业化发展的更多策略。为乡村小规模学校教师找寻到适合自身特点的专业发展道路，有待进一步探索和研究。

（二）乡村小规模学校教师的教研状况

1. 近二成教师经常参加跨校集体备课等教研活动

调研发现，近二成教师经常参加跨校集体备课等教研活动。仅 19.79% 的乡村小规模学校教师表示经常实施跨校集体备课或其他教研活动，比乡镇中心校低约 6 个百分点，见表 6.6。

表 6.6　不同类型学校教师跨校集体备课情况

频率	教学点或村小	村完小	乡镇中心校	总体
从不	9.01%	7.96%	6.20%	7.61%
很少	24.29%	24.08%	20.32%	22.89%
偶尔	19.58%	20.02%	20.32%	20.02%
有时	27.33%	30.17%	27.02%	28.49%
经常	19.79%	17.78%	26.15%	20.99%

2. 五成以上乡村小规模学校教师认可送教下乡活动

五成以上乡村小规模学校教师认可送教下乡活动。在参加过送教下乡的活动的乡村小规模学校教师中，认为帮助不大的教师比例为 8.07%，认为一般的比例为 34.16%，认为较大或很大的比例为 57.77%，后一项比例比乡镇中心校低约 6 个百分点，见表 6.7。

表 6.7　不同类型学校送教下乡效果评价

效果	教学点或村小	村完小	乡镇中心校	总体
不大	8.07%	7.73%	6.97%	7.55%
一般	34.16%	32.99%	29.22%	31.98%
较大	34.05%	32.25%	39.67%	35.16%
很大	23.72%	27.04%	24.15%	25.31%

3. 近六成乡村小规模学校教师认为本校教研活动帮助大

近六成乡村小规模学校教师认为本校教研活动帮助大。在参加过中小学组织的研修活动的乡村小规模学校教师中，认为帮助不大或一般的比例为41.49%，认为较大或很大的比例为58.50%，后一项比例比乡镇中心校低约4个百分点，见表6.8。

表 6.8　不同类型学校教师研修活动效果评价

效果	教学点或村小	村完小	乡镇中心校	总体
不大	6.56%	6.24%	4.66%	5.78%
一般	34.93%	34.13%	32.15%	33.64%
较大	36.48%	33.56%	39.47%	36.21%
很大	22.02%	26.08%	23.73%	24.38%

4. 教师教研的地方经验和做法

实地调研发现，杭州市临安市积极开展共同体活动，全部农村小学和城区、中心镇优质小学结对，借助这些学校在教育教学、教科研等方面的优势，发挥他们"传、帮、带"作用，以达到提升小规模学校教师业务水平的目的。

甘肃省兰州市完善校本教研和校本培训制度，按时参加所属学校统一组织的教研活动每学期 2 次以上，公开教学每学期 1 次以上，集体备课、听课、评课每学期 8 次以上，积极参与教育教学改革和实验研究，不断改进教学方法。以应用性课题为主开展教研，解决教学中存在的实际问题，20% 以上教师承担县区级个人小课题研究。

福建省龙岩市漳平市为每位教师订阅一种以上的教学刊物。教师们坚持每周业务学习若干课时，并做适量的读书笔记。每位教师每学期至少写一篇"优秀课例设计"，写一篇 1000 字以上有质量的教学反思；每学年至少撰写一篇教育教学总结或论文，并积极向上级教育管理部门和教育刊物投稿。教师经常参加中心学校的课题研究。有条件的校点也可以结合本校实际承担中心学校课题研究的子课题研究，积极开展听评课活动，初小和单双人校每位教师每学年至少听评课分别为 10 节和 7 节。观看课堂教学片有记录的也计入听评课节数。

在河北省邢台市临城县的一所小规模学校，教研活动经常开展，坚持名师教学点送课和校长听评课制度，主管校长每学期教学点听课不少于 20 节，每周巡查教学点不少于 1 次。

福建省龙岩市漳平市要求各校点要根据中心学校的安排，积极参加教研教改、教学评优、业务培训、资格考试等活动。每位教师至少每学年上一节公开课。由中心学校负责组织教学点的教师开展公开教学活动，可在相邻学校或中心学校进行。

山东省日照市莒县要求中心小学统筹镇域内骨干教师，合理安排集中备课任务，定期开展集体备课活动，加强教研交流，制定教学策略，吃透教材，准确理解运用课程标准，形成教案，学科教师共同分享。

（三）乡村小规模学校教师的专业发展需求

调研发现，在培训内容选择上，乡村小规模学校教师对学习困难生解决办法需求比较迫切、非常需要的比例为66.06%，学生行为和课题管理需要比例为58.40%，教学信息技术需要比例为57.00%。比较而言，村完小的培训需求与小规模教师几乎一样，但乡镇中心校教师略有不同，见图6.8。比较而言，乡镇中心校教师对学习困难生解决办法的培训需求最大，比较迫切、非常需要的比例占72.05%，排在第二位的是教学方法和能力，排在第三位的是教学信息技术。

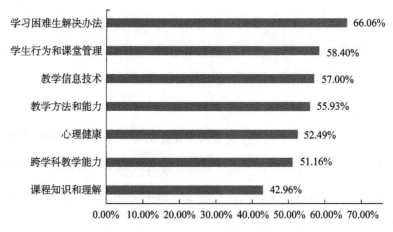

图6.8 乡村小规模学校教师专业发展需求

三、乡村小规模学校教师政策落实状况与做法

近几年,我国加大力度支持乡村教师队伍建设,连续印发了若干相关政策文件。2018 年,中共中央、国务院印发《关于全面深化新时代教师队伍建设改革的意见》。同年,教育部等五部门印发关于《教师教育振兴行动计划(2018—2022 年)》的通知。2015 年,人力资源社会保障部、教育部印发《关于深化中小学教师职称制度改革的指导意见》。同年,国务院办公厅印发《乡村教师支持计划(2015—2020 年)》等一系列政策文件,努力实现乡村教师"进得来、留得住、能交流、教得好"。

国家出台的一系列政策为乡村小规模学校教师队伍建设提供了比较充足的保障。建立中小学教职工编制动态管理机制,扩大实施农村义务教育阶段教师特岗计划,扩大地方公费师范生计划,完善乡村教师补充机制。建立城市、县镇、农村统一的中小学教师编制标准,积极推动县域内教师校长交流轮岗,逐步改善乡村教师待遇,引导优秀教师和骨干教师向乡村学校流动。在培训、职称评聘、表彰奖励等方面,政策向乡村青年教师倾斜,优化乡村青年教师发展环境,加快乡村青年教师成长步伐。

然而,由于乡村小规模学校的特殊性,面对教师队伍建设中存在的各种问题,政府亟待出台政策,在教师编制、待遇和职称等方面向乡村小规模学校倾斜。

(一)编制政策

《乡村教师支持计划(2015—2020 年)》《关于全面深化新时代教师队伍建设改革的意见》等政策文件均指出,编制应向乡村小规模学校倾斜,按照班师

比与生师比相结合的方式核定。课题组建议对学生规模较小的村小学、教学点实行编制倾斜政策，按照生师比与班师比相结合的方式核定编制。

我国部分地区探索了比较好的编制倾斜制度经验。广西德保县、田阳县建议进一步完善"区考县管校聘"管理机制，探索县级政府根据实际情况在市级编制部门核定的编制总量控制数内直接招聘中小学紧缺科目专任教师，特别是乡村小规模学校专任教师的师资配备新思路，以此保障师资力量。

（二）收入政策

《关于全面深化新时代教师队伍建设改革的意见》指出，大力提升乡村教师待遇。深入实施乡村教师支持计划，关心乡村教师生活。认真落实艰苦边远地区津贴等政策，全面落实集中连片特困地区乡村教师生活补助政策，依据学校艰苦边远程度实行差别化补助，鼓励有条件的地方提高补助标准，努力惠及更多的乡村教师。因此，课题组建议对乡村教师的收入待遇实行更多倾斜，不仅要提升乡村教师生活补助，还要大力提升乡村教师整体收入待遇。

1. 乡村教师补助偏低

八成教师能够享受到乡村教师生活补助。在 443 份有效调查数据中，有 44.02% 的校长选择了"本校教师有乡村教师生活补助，且分档进行补助"，有 39.28% 校长选择了"本校教师享有按照统一标准发放的乡村教师生活补助"，但还有 16.70% 的学校教师没有乡村教师生活补助。总体上，当前有 83.30% 的学校教师能够享受到乡村教师生活补助，见图 6.9。

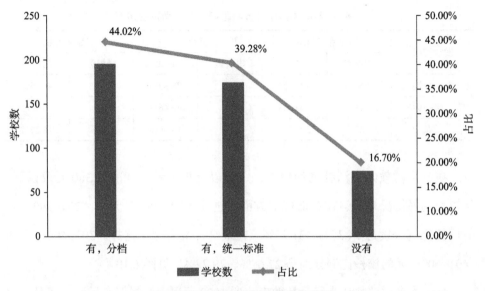

图 6.9 乡村教师生活补助发放情况

　　五成学校按照学校到县城距离发放乡村教师生活补助。在分档发放乡村教师生活补助的地方，有 53.52% 的校长选择分档标准是"学校到县城距离"，选择"教师教龄"和"教师职称"分档标准的校长比例分别是 33.80%、12.68%。

　　在不同类型学校中，教学点或村小校长、乡镇中心校均是选择"有，分档"发放生活补助的比例最高，分别达到 49.25%、46.85%；完小是选择"有，统一标准"的校长比例最高，有 46.46%。然而，在选择本校教师"没有"生活补助的校长中，教学点或村小的校长选择比例最高，达到 20.15%，高于完小和乡镇中心校，见表 6.9。这表明，在一定程度上，乡村教师生活补助政策还未得到充分的落实。

表 6.9　不同类型学校乡村教师生活补助发放情况

发放情况	教学点或村小		完小		乡镇中心校	
	学校数	占比	学校数	占比	学校数	占比
有，分档	66	49.25%	77	38.89%	52	46.85%
有，统一标准	41	30.60%	92	46.46%	41	36.94%
没有	27	20.15%	29	14.65%	18	16.22%

在有乡村教师生活补助的地方，六成以上学校最低标准为 300 元及以下。从校长选择情况来看，在最低标准方面，选择"101~200"元和"201~300"元的校长比例分别是 34.35%、31.27%。在最高标准方面，选择"301~400"元和"401~500"元的校长比例分别是 27.68%、29.22%，见图 6.10。

近一半乡村教师认为每月补助应达到 1000 元以上。根据实际调查情况，教师认为每月补助应达到 1000 元以上的比例为 49.11%，应达到 700~900 元比例为 22.72%，达到 500~700 元的比例为 13.82%，也有 12.98% 教师认为应达到 300~500 元，见图 6.11。

2. 近一半乡村小规模学校教师年收入在 3 万 ~5 万元之间

近一半乡村小规模学校教师年收入在 3 万 ~5 万元之间。教师年收入 3 万元以下的比例为 21.57%，3 万 ~5 万元的比例为 47.43%，5 万 ~7 万元的比例为 20.63%，7 万 ~10 万元的比例为 9.01%，10 万元以上的比例为 1.36%，见图 6.12。

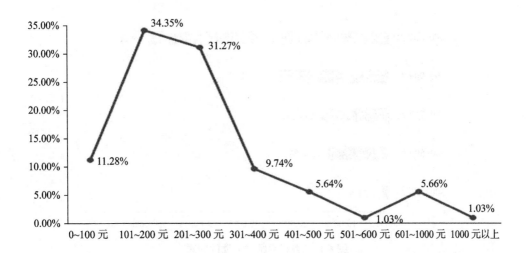

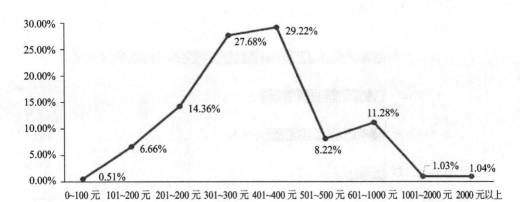

图 6.10　乡村教师生活补助发放的最低（上）与最高（下）标准统计

　　一半以上乡村小规模学校教师认为年收入应达到 7 万元以上。根据实际工作情况，教师认为年收入应达到 3 万~5 万元的比例为 10.47%，5 万~7 万元的比例为 19.90%，7 万~10 万元的比例为 35.71%，10 万元以上的比例为 32.88%，见图 6.13。

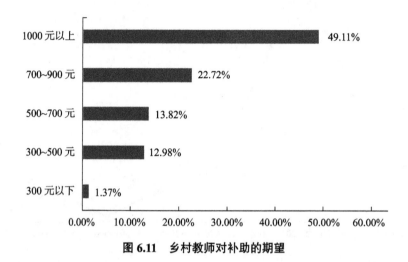

图 6.11　乡村教师对补助的期望

图 6.12　乡村小规模学校教师收入情况

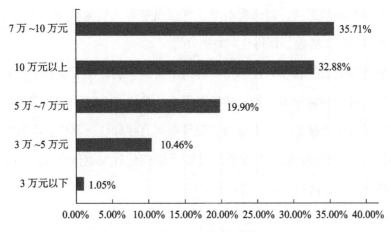

图 6.13 乡村小规模学校教师收入期望

3. 乡村教师收入倾斜的地方经验和做法

湖北省建立全省集中连片特困地区乡村教师生活补助制度，并对 30 个连片特困地区县市的乡村教师实施生活补助，按照教学点的教师每人每月补助 600 元的标准发放。新录用教师实行年薪制。到执行艰苦边远地区津贴地方义务教育学校任教的，每人每年 3.5 万元；到其他地区任教的，每人每年 3 万元。年薪按照绩效考核情况发放，并根据经济社会发展水平适时调增。湖北省宜都市中小学教师年工资总额 10.64 万元，农村学校教师比城镇教师待遇年人均高 7000 余元。

广西德保县、田阳县均实施乡村教师生活补助计划，并参照乡镇工作人员补助标准对教师进行工作补助。如德保县根据学校交通、工作、生活条件的艰苦程度分每人 200 元 / 月 ~550 元 / 月共六个补助档次发放，每年按 12 个月计发；给予乡镇教师每人每月 300 元的工作补助。田阳县农村学校教师最高补助达 700 元 / 月，最低也有 500 元 / 月。除此之外，两县每年还拿出一定金额的经费实施奖励性绩效工资，对教育教学工作做出显著成绩的教师给予奖励，让更多的优秀教师"下得去、留得住、教得好"。

青海省对农牧区教学点任教的教师给予待遇倾斜，享受乡镇工作补助，鼓励城镇学校教师到教学点任教。城镇取得中、高级专业技术职务资格，但未聘任的教师到教学点任教，可不受岗位职数限制直接聘任。其中，在教学点任教满三年且在当地办理退休手续的按退休前所聘岗位计发退休待遇。教师绩效工资奖励性部分，应向教学点的教师倾斜。

（三）职称政策

《乡村教师支持计划（2015—2020年）》指出，职称（职务）评聘向乡村学校倾斜。各地要研究完善乡村教师职称（职务）评聘条件和程序办法，实现县域内城乡学校教师岗位结构比例总体平衡，切实向乡村教师倾斜。《关于全面深化新时代教师队伍建设改革的意见》文件进一步指出，适当提高中小学中级、高级教师岗位比例，畅通教师职业发展通道；完善符合中小学特点的岗位管理制度，实现职称与教师聘用衔接；将中小学教师到乡村学校、薄弱学校任教1年以上的经历作为申报高级教师职称和特级教师的必要条件。

各级政府均加大了对乡村教师的扶持力度，在福利待遇、职称评聘等方面向乡村教师倾斜。然而，调查发现，在当前乡村教师在职称评聘过程中仍存在不少困难。有些地区尽管在职称评聘指标向乡村教师倾斜了，但是评聘条件没有进行相应的调整或调整力度不够，评聘条件对这些教师依然比较严格，因而还是会造成乡村教师职称评聘难以满足乡村教育发展的需要。

1. 三分之一乡村小规模学校教师认为本地职称评审不合理

调查显示，三成乡村小规模学校教师认为本地职称评审不合理。教师认为比较合理或很合理的比例为34.6%，一般合理的比例为32.4%，不合理或很不合理的比例为33%，见图6.14。

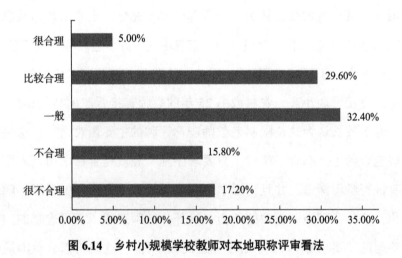

图6.14　乡村小规模学校教师对本地职称评审看法

2. 职称评审指标少、标准高是乡村小规模教师评职的主要困难

在调查中，校长反映的乡村教师职称评聘的困难相对比较集中。

首先，指标少，需要晋升职称的教师多。很多校长认为乡村教师职称评聘的指标太少，符合当地条件的教师相对较多。尤其是乡镇中心校，年轻教师较多，他们有学历、有科研和教学成绩，但每年分配的指标少，限制了他们晋升高一级职称的机会。此外，还有一些教师晋升的基本条件都达到了，但苦于没有岗位,造成评上职称的教师不能及时聘岗。其结果,就像一些校长说的那样,"教了一辈子学,让'岗'挡在了门外"。

其次,老教师职称评聘困难。一些校长反映,学校仍有较多的老教师职称长期没有提高,这是因为,这些老教师一般学历较低,受制于生源和平台的限制,乡村教师职业生涯中获得的荣誉和成果相对较少,评聘高一级职称存在困难。甚至有的校长认为,上级部门"要充分肯定基层教师默默奉献的苦劳",要充分考虑乡村"交通不便,信息不通,许多老教师一辈子坚守大山,但是到退休也晋不了高级职称"。因此,一些校长建议在"农村教书20年的教师可以直接晋职小高,农村教书25年的教师直接晋职副高"。对于学历的条件,许多校长认为这是限制老教师职称评聘的主要困难之一。这是因为以前这些老教师进入教育系统时,只要求中师文凭就是合格学历,入职后有部分没有进行学历深造,并且当时学历也没有要求到专科才能晋级。随着政策的变化,职称评聘强调教师的学历,给部分教师造成了不可逾越的门槛。甚至一些地区"要求专科12年后才能进高级职称",这就将部分教师被挡在了评职称门槛之外。

最后,乡村教师职称评聘条件严格。许多校长认为,当前乡村教师职称评聘过程中,评聘条件太多、条件太硬。例如,晋升高级职称要获得两次县级及以上奖励、要有市级研究课题并且要结题、要有公开发表的科研论文、计算机能力考试成绩等。像这些条件,有一些乡村教师就是工作一辈子也不可能达到。这不是教师自身的综合素质较低、科研能力不够的问题,而是因为他们所处的学校地理位置偏远,学校师资力量整体都比较薄弱,难以开展有效的校本教研。教师外出学习也不方便对其专业成长十分不利,导致教师职称评聘过程中相比城区或城镇学校的教师难度增大。此外，乡村教师的教学任务重，安全责任大，没有时间也没有精力去完成更多的课程外活动，如撰写科研论文等。

3. 职称倾斜的地方经验和做法

在实地调研中，各地通过职称倾斜政策吸引和保障乡村小规模学校教师。

湖北省探索实行农村中小学教师职称评审倾斜政策。按照国家统一部署逐步在农村中小学设置正高级教师职务。在职称评审时，对农村中小学教师予以倾斜，逐步推行分类评审等办法。职称晋升和绩效工资分配向教学点专任教师倾斜。

湖北省恩施市在评职晋级、评优评模的政策规定方面向农村教师倾斜。农村教师在专业和计算机水平测试方面实行免试，打破学科界限，指标分配优先考虑农村教师。在评优过程中，指标向农村教师大力倾斜，大大激发了农村教师的工作活力。

湖北省宜都市要求高级专业技术岗位聘用适当向乡村小规模学校倾斜，对取得高级专业技术职务任职资格，在农村学校从教 20 年以上，任中级专业技术职务满 10 年，能较好完成教学工作任务，且目前仍在教学岗位工作，年度考核均为合格及以上等次教师，可直接聘用到高级专业技术岗位，不受岗位职数限制。对取得中级专业技术职务任职资格、农村学校从教 10 年以上、较好完成教学工作任务、目前仍在教学岗位工作、近三年年度考核均达到合格以上等次的教师，可直接聘用中级职称，不受岗位职数限制。

青海省在评审高级专业技术职务时，在教学点连续任教 15 年的教师，同等条件下可优先推荐申报。

四川省广元市逐步提高农村学校教师待遇，逐步提高农村教师生活补助标准。在农村学校工作 20 年以上，男年满 58 周岁、女年满 53 周岁的农村学校教师，符合申报晋升教师中级专业技术职务条件的，可以申报中级职称，不受岗位限制。在农村学校任教累计满 30 年且仍在农村学校任教的教师，符合具体标准条件的，可直接推荐申报评审高一级教师职务（职称）。长期在农村学校任教，在原任职岗位 6 年以上，符合晋升同级职称上一级岗位条件的，可在办理退休手续前晋升一级岗位，不受岗位及专业限制。

第七章　课程与教学

　　乡村小规模学校课程教学方面存在教师不足、无法保证开齐开足国家课程、教学内容与学生生活联系不紧密等问题。课程开设与教学组织是保障乡村小规模学校正常运转的关键环节之一，直接关系乡村小规模学校的教育质量，在实践中应予以重点关注。本部分重点分析课程开设情况、教学组织形式、教学方法与质量评价和学生课外活动等几个维度。

　　需要说明的是，由于对学生、家长和教师等人群的调查，问学校属性比问学生人数更为便捷，而且大部分村小和教学点规模较小并少于 100 人，因此，现状和需求分析部分采用上级行政单位给学校界定的属性划分，不按人数划分。

一、课程开设

（一）课程开设情况

音乐、体育、美术、英语、科学、信息技术等课程无法开足开齐成为乡村小规模学校的常态。调研结果显示，小规模学校由于教师数量少，小学科教师尤为短缺，开齐国家课程仍存在困难。有校长明确表示，在执行课程计划中，小规模学校由于教师的结构性短缺，音、体、美、英语、科学、信息技术等专业性更强的学科教师普遍不足，国家课程计划基本上是有课表、无课堂的状态。很多中心校音、体、美教师不足，很难通过走教的方式支持小规模学校。转到中心校上学的学生也反映在小规模学校上学无聊，一天下来只是听老师讲语文和数学。

学校计算机课程开设情况参差不齐。非专业教师的计算机应用能力有时还不如学生。教材过于简单并且过时，学生不喜欢，教师也认为没必要教。学校计算机课没有人认真上，教材上落满了厚厚灰尘。对学生的调查显示，乡镇中心校在计算机课上学生可以操作计算机上课的比例最高，为74.50%，明显高于其他两类学校；村完小在计算机课上学生可以操作计算机上课的比例为66.65%；教学点或者村小的比例最低，为51.65%，见图7.1。按照国家规定计算机课三年级正式开设，村小和教学点不上计算机课的比例最高，占到26.26%，其次是村完小的比例为17.89%，乡镇中心校的比例相对最低为14.13%。分年级进行分析发现，总体来看，三年级及以上年级不上计算机课的比例为 17.70%；从学校类型来看，教学点或者村小中三年级及以上年级不上计算机课的比例最高为 24.44%，其次是村完小的比例为 17.22%，乡镇中心校的相应比例为 12.57%。由此可见，仍有近两成的乡村学校没有按照国家要求在三年级及以上年级开设计算机课程。

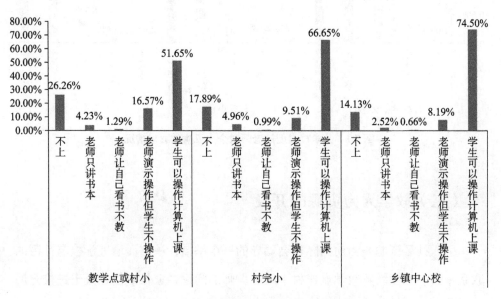

图 7.1 分学校类型的计算机课的上课情况

营养、卫生教育没有单独开设课程但也属于基本的教育内容。根据学生反映，老师经常讲营养和卫生知识的比例，乡镇中心校为 71.40%，村完小为 66.80%，教学点或者村小为 62.34%。乡镇中心校学生认为，老师对个人卫生（理发、洗手、剪指甲等）要求非常严格的比例最高，为 52.05%，村完小、教学点或村小认为非常严格的比例分别为 47.67% 和 43.11%，见图 7.2。

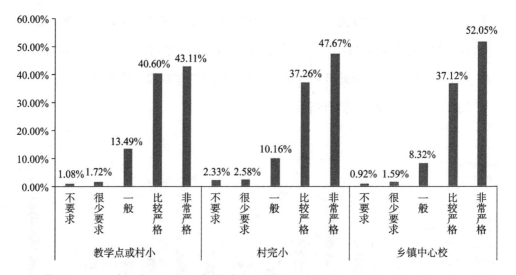

图7.2 分学校类型的老师对个人卫生的要求情况

（二）教学人力资源的开发

引入社区资源是当前国际社会倡导的一个举措，一方面增进学校与社区的联系；另一方面缓解教学点或村小缺少教师的问题，家长或校外人士进校开展相关教育教学活动是一个很好的补充。调查显示，教学点或村小"经常"邀请校外人士参与教育教学活动的比例只有21.64%，而乡镇中心校该比例达到43.24%，见图7.3。

教学点或村小应根据所在地区传统文化资源，积极推动家长或其他社会人士、志愿者等进入校园，参与教育教学活动，丰富学校教学内容。对家长的调查显示，如果学校开设种植、生活技能等课程，有82.09%的家长愿意作为校外教师来上课；分学校类型来看，愿意作为校外教师到学校上课的家长比例，

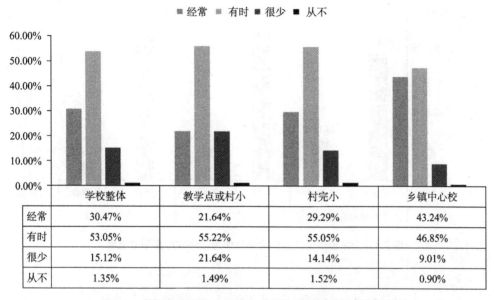

	学校整体	教学点或村小	村完小	乡镇中心校
经常	30.47%	21.64%	29.29%	43.24%
有时	53.05%	55.22%	55.05%	46.85%
很少	15.12%	21.64%	14.14%	9.01%
从不	1.35%	1.49%	1.52%	0.90%

图7.3　学校邀请家长或校外人士进校开展相关教育教学活动

乡镇中心学校的比例最高，为88.71%，教学点或年级不全村小的比例最低，为75.84%，前者比后者高12.88个百分点，见图7.4。分学校规模来看，愿意作为校外教师到学校上课的家长比例，100人及以上学校规模的比例比100人以下学校规模的比例高4.77个百分点。分家庭经济情况来看，愿意作为校外教师到学校上课的家长比例，家庭经济好的比例最高，为85.55%，家庭经济差的比例最低，为75.07%，前者比后者高10.47个百分点。上述调查结果显示，大部分家长都有支持学校开展乡土课程的意愿，因此小规模学校应积极组织规划和设计相关的校本课程，激发家长参与学校管理和教育教学的积极性。

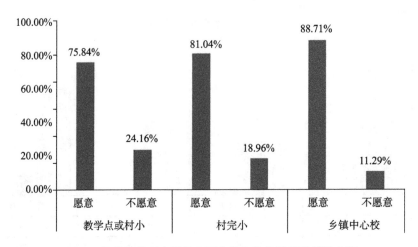

图 7.4　分学校类型家长是否愿意作为校外教师到学校上课

（三）课程实施的地方经验

第一，统筹全局，实现从农村自然小班化教育向新乡村教育体系的转型升级。浙江省景宁畲族自治县从 2006 年开始，根据农村学校学生逐渐缩减的实际情况，以科研为引领开展农村自然小班教育研究；2012 年，人数少于 15 人的班级几乎占所有农村班级的一半,进而探索"微班"教学;2016 年开始,将"农村小班化教育"转型升格为"新乡村教育"（商培荣，练飞，2018）；经过十二年的探索实践，摸索出行之有效的乡村小规模学校教育的"景宁模式"。景宁县农村小班化教学的基本理念是"阳光普照"，确保每个孩子受到关爱；同教异学，确保每个孩子差异发展；个别辅导，确保每个孩子都不掉队；以精致化、优质化、个性化"三化"为追求目标，小班化背景下的学生以会听、会说、会读、会写、会做、会学、会问、会思、会评、会议"十会"促进自主发展。经过实践探索，出台了以"三三六三"为架构的《景宁县教育局推进农村小班化教学的实施意见》，包括立足三大理念（关爱每一个、发展每一个、优质每一个），凭借三措支撑（课程建构、科研引领、管理推动），实施六小教学（环境、备课、上课、作业、辅导、评价），追求三化目标；提炼形成了"景宁县农村学校小班化教学常规20条"，将教学实施意见转化为教学常规，使小班化教学理念得以落地生根。随着15人以下的班级越来越多，景宁县又开始了微班的"三味""四互"教学理念的实践与研究。课堂外显特质体现"三味"：学科味——学习目标围绕学科素养，教学方式体现学科特点；学段味——学习目标要适切，组织方式适合学习对象；学额味——学习目标分层化，教学方式互动化，作业、辅导个性化。课堂内部操作体现"四互"：互动——师生、生生的多元互动；互评——课堂的相互评价，作业的相互批改；互助——生生相互帮助，相互辅导；互促——生生相互促进，师生教学相长。互动是基础，是微班教学的基本方式；互评、互助是手段；互促是目的，是微班教学的价值。在"三味""四互"理念下，还形成了"三味""四互"的微班教学课堂范式，并出台《景宁县农村学校微班教学常规15条》。新乡村教育把教学纳入立体育人的环境中思考，从课堂研究走向多维研究，从基础教育课程的教学研究走向拓展型课程的教学研究。思路上已从农村小班化教育"课堂为点、常规为线、特色为面"进入"发展为体"的新阶段，理念上也相应从农村小班化教育"三个确保、三层递进"进入"三味树人"的新航向，目标上更是从"抓实基础课程全面提质"为主进入"既夯实基础课程全面提质，又做活拓展课程张扬个性"的新体系，见图7.5和图7.6。

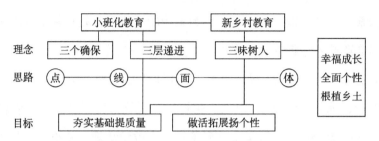

图7.5 "新乡村教育"与"农村小班化教育"的关系图

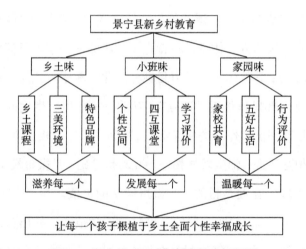

图7.6 新乡村"三味"教育思路框架图

第二，开发乡土资源。湖北省宜都市坚持每所学校至少开发两个门类的校本课程。结合乡土资源，开发乡土系列校本教材，从农具到体育等无不结合农村特有的文化和资源，人人都会滚铁环、打陀螺。有的学校建立传统和老式农具陈列教室，农具都是周围的家长或村民捐赠的，让农村的孩子能够了解乡土并热爱劳动和乡土。开辟学生的实践活动场地，开展种植养殖课程，有的在校园开设，有的租用土地，有的与农户合作。

第三，课程整合。吉林省农安县集中县乡两级教研人员统计分析了课程教材，考虑教师编制只减不增的现实，对国家课程和地方课程进行整合，打破年级界限和学科界限，删除重复的内容，汇编村小综合课程读本。甘肃省崇信县开展农村小班化教学改革，将原有各个学科进行分类整合，形成四大门类，即"品德与健康、语言与阅读、数学与科技、艺术与审美"，每一类都包含若干基础性课程和拓展性课程，并在此基础上开展主题教学。

第四，强化外部支援。湖北省恩施市研培中心教研点蹲点包校，指导乡村小规模学校课堂改革；通过帮扶、学区制和对口支援等方式，传播先进理念，提升课堂教学，不断提升乡村小规模学校师资专业素质和水平。河北省平山县建立责任督学督导教学点的制度。对一些不会教的课，江西省万安县和河北省平山县教师骑着电动车先到中心校或者周边其他学校学习本课内容和教法，再在本校教学。河北省石家庄藁城区的教师先在网上找资源学习后，再给学生开课。

第五，走教和走学相结合。甘肃省平凉市各区县对联校走教做了细致规定，明确学科和教师、走教内容计划、时间和次数，并制定了走教制度和考核办法等。此外，部分区县还安排学生到附近学校走学。

二、教学组织

（一）教学组织形式

小规模学校的教学组织形式常见的有三种，一种是全科包班，即针对同一年级的一个班教授大部分学科；一种是专科跨年级教学，负责教授不同年级的不同班级的同一学科；第三种是复式教学，同一个班级里有不同年级的学生，在同一节课上教授不同年级的相同学科或者不同学科。当前，三种教学形式在小规模学校中不同程度并存，结合小规模学校年级和班级人数较少的特点，应从资源利用效率、教学效果和适宜性等方面，选择适合的教学组织形式。

为解决缺少教师的问题，国家目前推行小学教师全科培养措施。调查结果显示，中心学校以外的乡村小学实施全科包班教学的比例较高，超过了55%，见表7.1。

表 7.1　学校实施全科包班教学情况

范围	教学点或村小	村完小	乡镇中心校	总体
部分学科	21.57%	18.21%	17.36%	18.69%
部分年级	18.12%	17.62%	13.33%	16.32%
全部学科	6.70%	13.40%	7.20%	9.84%
全部年级	8.80%	6.19%	4.97%	6.38%
没有实施	44.82%	44.58%	57.13%	48.77%

教师群体对于全科教学有不同的看法。68.43%的教师不认可或完全不认可学校实施全科教学，23.89%的教师基本或完全认可全科教学，还有部分教师没有想过这个问题。小学阶段教学改革早在21世纪初就开始提倡小学综合课程，但是10多年过去，教师还是更习惯分科教平行班。包班上课兼任课程多，备课时间不够充分，影响教学质量。教师反映课间十分钟以及课后休息时间都要用来备课和批改作业。由于跨年级教同一门学科，所以教师有时候会将学情弄混。

2016 年，全国小学有复式班 9456 个。60.79% 的教师不认可学校开展复式教学，11.29% 的教师认可部分学科实施复式教学，6.55% 的教师认可一定学生规模范围内实施复式教学，15.32% 的教师回答没有实施复式教学，6.05% 的教师回答没有想过该问题。复式教学是混龄教学的一种。目前，文化课分班授课，音体美等小学科复式教学的类型较多。混龄教学模式在发达国家小学阶段被普遍采用，但在我国由于教师很少接受复式教学培训，教学效果不好，被等同于教学质量低下而被反对。甘肃省在教师国家培训计划中增加了复式教学培训，推广"同动同静"模式，避免课堂上不同年级互相干扰，取得良好效果。甘肃省华亭县规定 60 人以下的学校全部实施复式班教学；崇信县 18 所小规模学校有 38 个复式班。不同年级之间的互动提高了学生的认知水平。宁夏某县的教学点只有 17 个学生，却有 6 个年级，教师都实施分科教学，造成教师资源使用效率低下。

（二）远程教学

通过加强教育信息化建设和开展对乡村教师的信息技术应用能力培训，弥补乡村小规模学校师资薄弱问题，具有现实性和针对性。远程教学被认为是解决小规模学校缺少教师和提高教学质量的重要措施之一。

各地积极利用信息化技术，探索小规模学校的在线课堂或远程教学模式，有力地促进了教育教学质量的提升，并缓解了教师短缺的问题。湖北、安徽、内蒙古等在全省区推广在线课堂建设，覆盖所有农村学校（含教学点）。通过同步双师互动或者异步双师互动课堂，提升乡村小规模学校课堂教学质量。建立学校联合体是国际小规模学校发展的一种创新模式（Linda M. Hargreaves，2009），而在我国广大偏远农村地区，通过远程同步课堂，共建"农村小规模学校联盟"，是互联网时代农村学校教育改革的创新模式（冉新义，2016）。各学校之间的教师可以交互为其他学校进行授课，中心学校的优秀教师通过定期利用远程教育技术进行授课。湖南省长沙市教育局 2015 年开始实施"中小学网络联校建设工程"，建立 10 所农村教学点网络联校授课点和 15 所中小学网络联校；河北省石家庄市藁城区打造网络同步课堂，城区设 14 个主课堂，教学点设 28 个辅课堂，以点盖面，由此改善了乡村小规模学校师资缺乏、资源不足等问题。另一种远程教学的模式是地方高校支持的远程支教课堂，即实习教师与农村学生在空间分离的情况下，按照远程同步课堂的课程安排，在固定的时间从事支教活动（冉新义，2016）。闽南师范大学按照"教育扶贫、精准帮扶"和"互联网＋教育"的思路，开发了协同支教留守儿童关爱教育信息平台——童享阳光网。平台与实习支教工作相结合，实习支教前实习教师都接受过儿童教育学、心理学及乡村学校心理健康教育导论课程学习和培训，并对乡村教师、留守儿童监护人进行专项培训。

调查发现，总体来看，教师对实施远程教学的效果评价并不高。在实施远程教学的学校中，教师认为所教课程实施远程教学（或在线、同步教学）效果很不好或不好的比例为 10.35%，一般的比例为 37.76%，较好或很好的比例为 26.56%，仍有 25.33% 的学校没有实施远程教学，见表 7.2。远程教学的实施效果取决于多个方面，如教师对课程的准备程度、课程类别、与学生的互动方式、学生的接受程度等，同时还应有现场教师的配合与指导，共同促进课堂教学质量的提升。

表 7.2 教师对远程教学开展情况的评价

效果	教学点或村小	村完小	乡镇中心校	总体
效果很不好	1.99%	1.98%	1.73%	1.91%
效果不好	8.90%	8.81%	7.64%	8.44%
效果一般	33.40%	40.79%	36.67%	37.76%
效果比较好	20.94%	19.22%	22.05%	20.54%
效果很好	8.17%	5.82%	4.83%	6.02%
没有实施远程教学	26.60%	23.38%	27.09%	25.33%

从课程类别来看，英语、音乐课程使用远程教学的比例相对较高，互动性更强的美术、体育和综合实践课程使用远程教学的比例相对较低。对学生的调查显示，总体来看，英语和音乐课使用了计算机远程教学或者预先录制课程上课的比例相当，分别为 49.84% 和 48.23%。美术课、综合实践、体育课上使用了计算机远程教学或者预先录制课程上课的比例分别为 35.08%、26.70% 和 14.39%。分学校类型看，乡镇中心校在英语、音乐、体育、美术和综合实践课上使用了计算机远程教学或者预先录制课程上课的比例均最高。其中，上英语课的比例分别比教学点或村小、村完小高 18.09、9.82 个百分点；上音乐课的比例分别比教学点或村小、村完小高 4.79、3.59 个百分点；上美术课的比例分别比教学点或村小、村完小高 8.34、5.84 个百分点；上综合实践课的比例分别比教学点或村小、村完小高 16.36、8.83 个百分点；上体育课的比例教学点或村小与乡镇中心校相差无几，村完小的比例最低为 12.69%。学生反映都没有的比例，教学点或村小最高为 35.94%，其次是村完小为 28.59%，最低的是乡镇中心校为 24.70%，最高值与最低值相差 11.24 个百分点，见图 7.7。

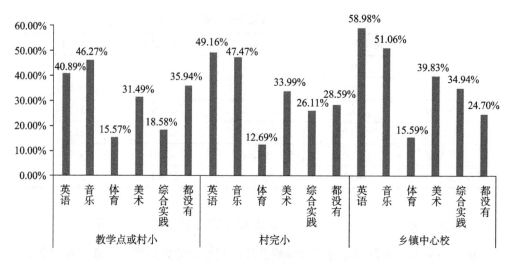

图 7.7　分学校类型课程使用计算机远程教学或者预先录制课程上课的情况

　　教师使用多媒体教学的频率体现了教师使用现代信息技术的熟练程度，与能否顺利实施远程教学息息相关。调查显示，从有关使用多媒体教学的情况来看，教师回答从不、很少或偶尔使用多媒体教学的比例为 22.91%，有时的比例为 21.75%，经常的比例为 55.34%。分学校类型来看，教学点或村小教师从不使用多媒体教学的比例最高，为 9.95%，与比例最低的乡镇中心校相比，高 8.08 个百分点。乡镇中心校教师经常使用多媒体教学的比例最高，为 68.80%，教学点或村小的比例最低，为 47.96%，两者相差 20.84 个百分点；教学点或村小与村完小的相应比例差不多，仅相差 1.16 个百分点，见表 7.3。

表 7.3　教师使用多媒体教学的情况

频率	教学点或村小	村完小	乡镇中心校	总体
从不	9.95%	4.91%	1.87%	5.05%
很少	10.26%	9.56%	4.11%	7.92%
偶尔	11.62%	9.77%	9.01%	9.94%
有时	20.21%	26.64%	16.21%	21.75%
经常	47.96%	49.12%	68.80%	55.34%

对学生的调查显示，从上课情况看，认为教师能非常熟练地使用多媒体（电脑、一体机、电子白板）上课的比例为 54.53%，认为比较熟练、不熟练和非常不熟练的比例分别为 35.46%、3.74% 和 0.51%，还有 5.77% 的学生反映上课时没有多媒体设备。分学校类型看，乡镇中心校教师能非常熟练地使用多媒体上课的比例最高，为 68.16%，明显高于其他两类学校；村完小教师能非常熟练地使用多媒体上课的比例为 52.33%；教学点或者村小的比例最低，为 42.90%，但其能比较熟练的使用多媒体上课的教师比例最高，为 40.10%。教学点或者村小的学生反映上课没有设备的比例最高，为 10.26%，其次是村完小，为 5.30%，最低的是乡镇中心校，为 2.25%，最高值与最低值相差 8.01 个百分点，见图 7.8。

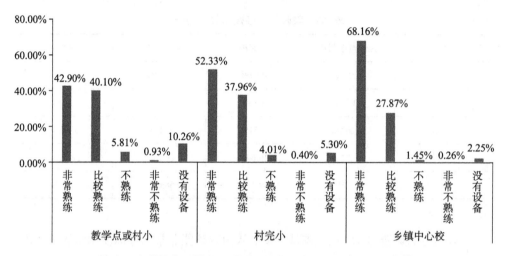

图7.8　分学校类型的学生反映老师熟练使用多媒体上课的情况

三、教学方法与质量

（一）教学质量

虽然社会上一般认为小规模学校教学质量差，但是调查显示，就读学生家长对学校教学质量的满意度较高。教学点或村小家长认为教学质量好的比例比乡镇中心校的相应比例略低，分别为79.39%和85.09%。

1. 考试成绩

从对考试成绩的调研结果看，小规模学校的文化课成绩并不比乡镇中心学校差，而且部分学校的成绩能够与县城学校相比。河北省石家庄市藁城区一所小规模学校有一对夫妻教师，女方负责教授英语，认真琢磨教学方法，学生成绩超过了中心校，甚至超过部分县城学校。东北师范大学对湖南省溆浦县三个乡镇的调查发现，9 个教学点的语文成绩全部高于三个乡镇的中心学校，一个乡镇有 4 个教学点的数学成绩高于中心学校。由于教学质量好坏与任教教师的积极性有很大关系，所以教师绩效评价不能放松。但音、体、美、信息技术等学科教学水平低下。调研中教师反映，体育课就是跑步和做操，音乐课上成了歌曲欣赏，美术课上则是教师能画什么就教什么。因为担任课程过多，一天下来太累，所以这些课程主要让学生自己活动。

与中心校的学生成绩相比，对家长的调查显示，分别有 23.26% 和 27.56% 的家长认为孩子所在学校的学习成绩与中心校学生相比完全没有差距和差距较小，22.46% 的家长认为差距一般，8.95% 和 2.91% 的家长认为差距较大和差距很大，14.87% 的家长报告孩子就在中心校就读，见图 7.9。分学校规模来看，100 人以下学校规模和 100 人及以上学校规模的家长认为，孩子所在学校学业成绩与中心校成绩完全没有差距和差距较小的比例分别为 59.28% 和 60.06%。分家庭经济情况来看，家庭经济条件好和家庭经济条件差的家长认为，孩子所在学校学业成绩与中心校成绩完全没有差距和差距较小的比例分别为 69.82% 和 48.40%，两者相差 21.42 个百分点；家庭经济条件好和家庭经济条件差的家长认为，孩子所在学校学业成绩与中心校成绩差距大的比例分别为 9.79% 和 22.44%，两者相差 12.65 个百分点；家庭经济条件一般的家长所认为的情况居中，见图 7.10。

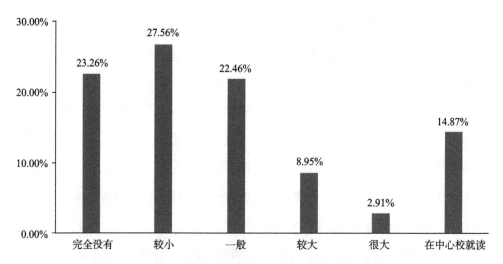

图 7.9　孩子所在学校学业成绩与中心校成绩比较的差距情况

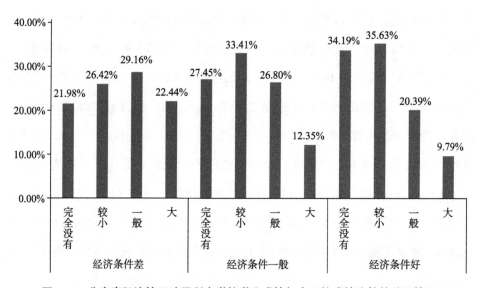

图 7.10　分家庭经济情况孩子所在学校学业成绩与中心校成绩比较的差距情况

与县城学校相比的调查结果显示，45.03%的家长认为孩子所在学校的学习成绩与县城学校学生相比完全没有差距和差距较小，26.10%的家长认为差距一般，28.88%的家长认为差距较大和差距很大，见图7.11。分学校类型和学校规模来看，三种学校类型（教学点或村小、村完小、乡镇中心校）和两种学校规模（100人以下、100人及以上）的家长认为，孩子所在学校的学习成绩与县城学校学生相比的几个差距方面所占比例差异不大。分家庭经济情况来看，家庭经济条件好和家庭经济条件差的家长认为，孩子所在学校学业成绩与县城学校成绩完全没有差距和差距较小的比例分别为55.72%和36.29%，两者相差19.43个百分点；家庭经济条件好和家庭经济条件差的家长认为，孩子所在学校学业成绩与县城学校成绩差距大的比例分别为24.05%和41.18%，两者相差17.13个百分点；家庭经济条件一般的家长所认为的情况居中，见图7.12。

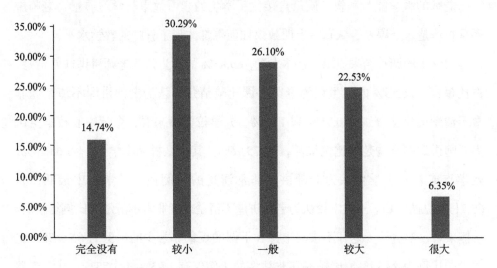

图7.11　孩子所在学校学业成绩与县城学校成绩比较的差距情况

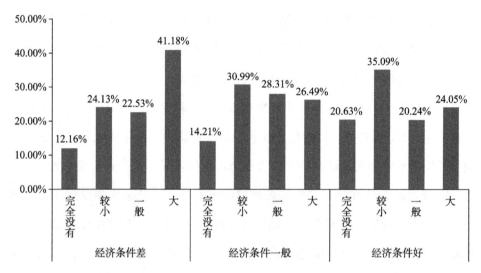

图 7.12　分家庭经济情况孩子所在学校学业成绩与县城学校成绩比较的差距情况

2. 老师的教学情况

老师的教学能力和教学质量直接关乎学生的学习效果与学习质量，老师讲课是否清楚、上课是否认真、上课效果如何等都体现了教师的教学水平。

对学生的调查结果显示，总体来看，69.83% 的学生认为老师讲课非常清楚，占比最高；28.36% 的学生认为老师讲课比较清楚，认为老师讲课不清楚和非常不清楚的比例分别为 0.75% 和 1.06%。分学校类型来看，乡镇中心校学生认为老师讲课非常清楚的比例最高，为 75.76%，其次是村完小学生，为 68.24%，教学点或者村小学生认为老师讲课非常清楚的比例在三类学校中最低，为 65.71%，见图 7.13。三类学校认为老师讲课不清楚或者非常不清楚的比例均较低。总体来看，学生认为老师不按时上课和下课的现象非常少的比例为 66.54%，比较少的比例为 23.12%，比较多和非常多的比例仅有 1.95% 和 1.73%。分学校类型来看，乡镇中心校、教学点或村小、村完小学生认为老师非常少不按时上课和下课的比例均为最高，分别为 69.42%、67.72% 和 63.58%。

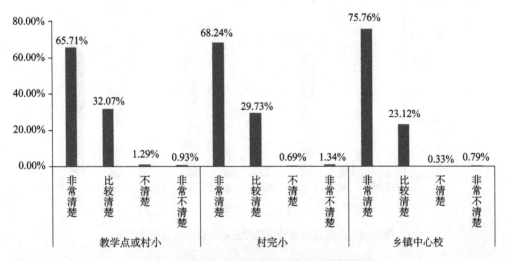

图 7.13　分学校类型的老师讲课是否清楚情况

对家长的调查结果显示，总体来看，93.58% 的家长认为老师上课比较认真或非常认真，4.90% 的家长认为一般，1.52% 的家长认为不太认真或很不认真。家长反馈三类学校的老师上课认真的比例都在91%以上，乡镇中心学校为 95.79%，村完小为 93.09%，教学点或村小为 91.71%。分学校规模来看，两类规模学校的老师上课认真的比例都超过了 92%，100 人及以上规模学校的老师上课认真的比例（94.71%）高于 100 人以下规模学校的相应比例（92.05%），前者比后者高 2.66 个百分点。分家庭经济情况来看，三种类型家庭经济条件的家长认为老师上课认真的比例均超过 88%，家庭经济条件好的家长认为老师上课认真的比例为97.24%，家庭经济条件差的比例相对最低，为88.93%，两者相差8.31个百分点，见图7.14。

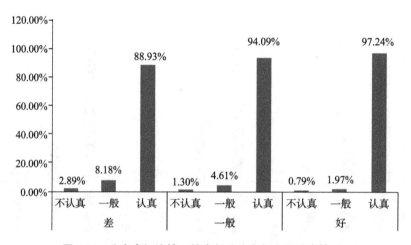

图7.14 分家庭经济情况的家长认为老师上课认真情况

对家长的调查结果显示，总体来看，92.82%的家长认为老师上课比较好或非常好，6.63%的家长认为一般，0.56%的家长认为比较差或非常差。分学校类型来看，家长反馈三类学校的老师教得好的比例都在90%以上。其中，乡镇中心学校的比例最高94.80%，其次是村完小92.82%，教学点或年级不全村小的比例最低90.46%，最高比例比最低比例高4.34个百分点。分学校规模来看，两类规模学校的老师教得好的比例都超过了92%，100人及以上规模学校的老师教得好的比例93.38%高于100人以下规模学校的相应比例92.05%，前者比后者高1.33个百分点。分家庭经济情况来看，三种类型家庭经济条件的家长认为老师教得好的比例均超过87%，家庭经济条件好的家长认为老师教得好的比例为 97.50%，家庭经济条件差的比例相对最低，为 87.04%，两者相差 10.46 个百分点，见图 7.15。

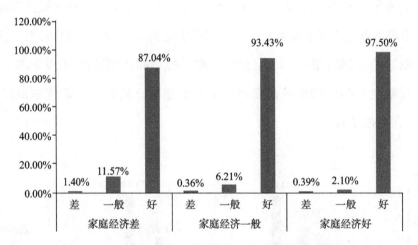

图 7.15　分家庭经济情况的家长认为老师的教学质量情况

3. 学生对学校的满意度

学生对学校的满意度是学校教育教学质量的非学业成绩表现之一。学校是中小学生除了家庭之外的主要活动场所，对学校生活的感知和评价构成了学生个体主要的主观体验，并随之影响到他们在其他场所和时间的生活状态及情绪表现，这种主观的感知和评价就是个体的学校生活满意度（杜玲玲，2018）。在学校中，学生应该感到自己是在亲身参与学校教育并从中体验到快乐，进而获得良好的发展。作为中小学生学习成长的主要场所，学校的很多方面，如师生关系、教师的情感和学习支持、适应性的学习行为、学校的基础环境、学习氛围等，决定了学生对学校生活的积极态度或消极态度。

对学生的调查结果显示，学生表示对学校的纪律、秩序非常满意的占比最高，为51.44%，比较满意的比例为34.51%，一般满意的比例为8.95%，不大满意的比例为1.66%，非常不满意的比例为3.43%。分学校类型来看，三类学校的学生对学校的纪律、秩序非常满意的比例均超过51%，相差无几；比较满意的比例均超过32%，教学点或者村小的比例最高为37.66%；乡镇中心校学生对学校的纪律、秩序非常不满意的比例在三类学校中最高，为4.29%，见图7.16。

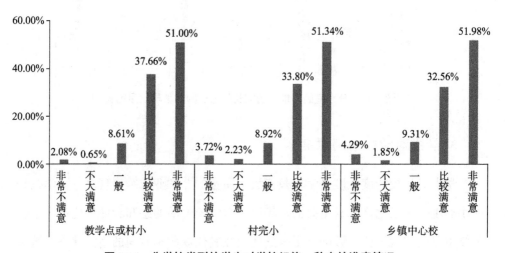

图7.16 分学校类型的学生对学校纪律、秩序的满意情况

按是否转过学分类，两类学生对学校的纪律、秩序非常满意的占比均为最高，其中未转过学的学生表示对学校的纪律、秩序非常满意的比例为51.92%，高于转过学的47.39%，见图7.17。

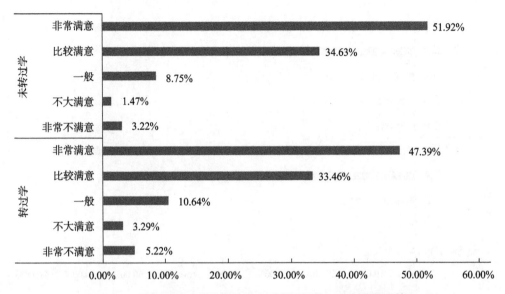

图 7.17 按是否转过学分类的学生对学校纪律、秩序的满意情况

调查结果显示，70.69% 的学生认为在学校里感到非常安全，占比最高；认为比较安全的比例为 23.26%；认为比较害怕和非常害怕的比例均为 0.57%。由此可见，学生整体在学校安全感情况良好。分学校类型看，教学点或者村小、村完小、乡镇中心校的学生在学校里感到比较安全和非常安全的比例分别为 94.12%、93.95% 和 93.79%。分是否转过学来看，未转过学的学生认为在学校里感到非常安全的比例为 71.08%，高于转过学的学生；转过学的学生认为在学校比较害怕和非常害怕的比例较高，分别为 1.16% 和 1.35%，显示比较缺乏安全感，见图 7.18。

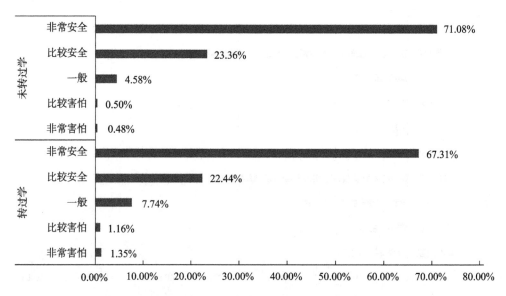

图7.18 按是否转学分类的学生在学校里感觉到的安全情况

调查结果显示，65%的学生表示非常喜欢自己所在的学校，占比最高；认为比较喜欢自己所在学校的比例为26.80%，认为一般喜欢自己所在学校的比例为6.84%，表示非常不喜欢和不喜欢的比例分别为0.89%和0.47%。由此可见，整体上学生对学校归属感良好。分学校类型看，教学点或者村小、村完小、乡镇中心校的学生比较喜欢和非常喜欢的比例分别为91.39%、91.93%、92.01%。分是否转过学来看，未转过学的学生非常喜欢所在学校的比例为65.23%，高于转过学学生；转过学学生表示不喜欢和非常不喜欢的比例较高，分别为1.35%和2.13%，显示对学校的归属感欠佳，见图7.19。

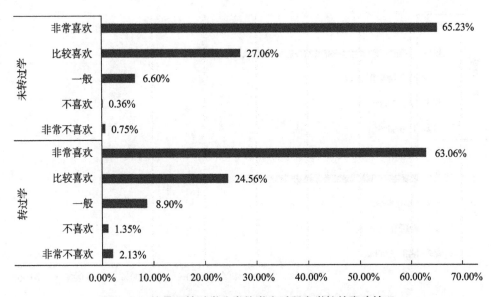

图7.19　按是否转过学分类的学生对所在学校的喜欢情况

调查结果显示，总体来看，56.15%的学生认为学校地上非常少有垃圾和污水、灰尘多、墙上乱画等，占比最高；认为比较少的比例为31.34%；认为非常多和比较多的比例分别是1.06%和2.70%。分学校类型看，教学点或者村小、村完小、乡镇中心校的学生认为学校地上非常少和比较少有垃圾和污水、灰尘多、墙上乱画等的比例分别为88.95%、87.37%、86.32%。分是否转过学来看，未转过学的学生认为学校地上非常少有垃圾和污水、灰尘多、墙上乱画等的比例为57.16%，高于转过学的47.16%，见图7.20。

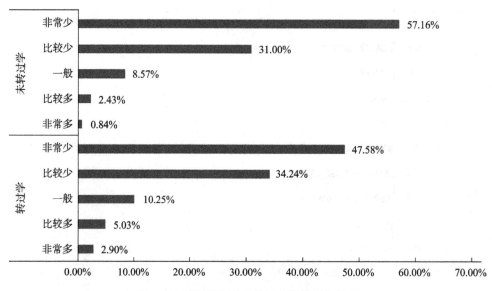

图 7.20 按是否转过学分类的学校卫生情况

4. 学生的自我效能和同伴关系

学生的自我效能感和同伴关系是学校教育教学质量的非学业成绩的另一个表现。为适应未来越来越复杂的职业角色，满足未来生活的需要，学生在学校期间需要培养"相信自己具有完成学习目标所要求的能力，相信自己对学习过程有充分的控制能力"，从而使他们在面对困难时仍然能够坚持不懈地学习。同伴关系是儿童在同样的年龄段一起相互协作的活动，或者主要是指对个人的心理发展中起重要作用的一种人际关系。同伴关系在孩子的整个成长过程中具有不可撼动的地位，对其身心健康起着非常重要的作用。

对学生的调查结果显示，总体来看，对自己的学习非常有信心的比例为41.88%，有信心的比例为43.36%，一般的比例为13.32%，没信心和完全没有信心的比例分别为 1.14% 和 0.20%。分学校类型来看，乡镇中心校中表示对学习非常有信心的学生比例为 49.80%，占比最高，其次是教学点或村小，比例为 38.88%，最后为村完小，比例为 38.01%。村完小中，有 45.24% 的同学表示对自己的学习有信心，教学点或村小与乡镇中心校在该类上的比例分别为 44.62% 和 40.03%，见图 7.21。

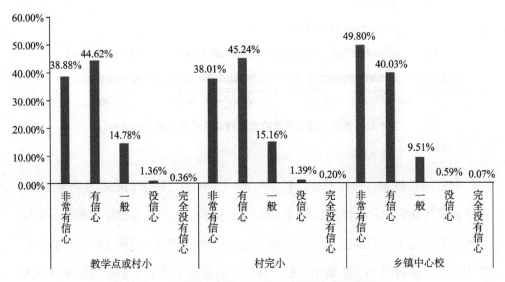

图 7.21　分学校类型的学生对自己的学习是否有信心

按是否转过学分，未转过学的学生表示对自己的学习有信心或非常有信心的学生人数共占 85.76%，转过学在这两类上回答的比例为 81.82%；转过学的学生表示对学习没信心和完全没信心的比例为 2.71%，未转过学的在这两类上的比例为 1.18%，见图 7.22。

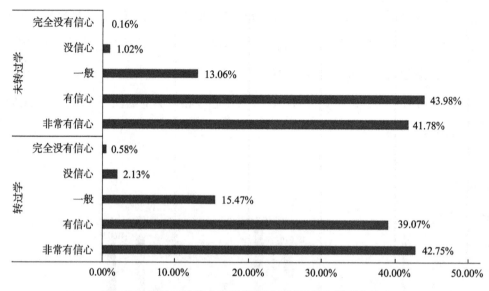

图 7.22　按是否转学分类的学生对自己的学习是否有信心

调查结果显示，总体来看，47.24% 的学生认为与同学们的关系非常亲密，占比最高；认为比较亲密的比例为 40.48%，显示学生间关系整体亲密。分学校类型来看，三类学校学生认为同学间关系非常亲密和比较亲密的比例均较高，其中教学点或者村小、乡镇中心校、村完小同学间关系非常亲密的比例分别为48.35%、47.75% 和 46.09%，见图 7.23。

分是否转过学来看，未转过学的学生认为同学间关系非常亲密的比例为47.92%，明显高于转过学的 41.39%，转过学的学生认为同学间关系比较冷淡和非常冷淡的比例高于未转过学的学生，见图 7.24。

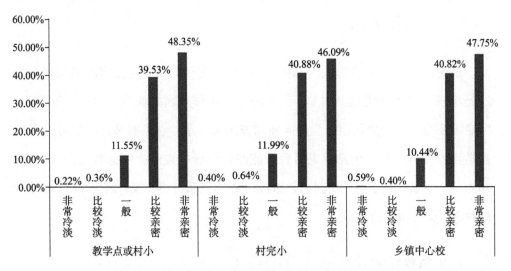

图7.23 分学校类型的同学关系情况

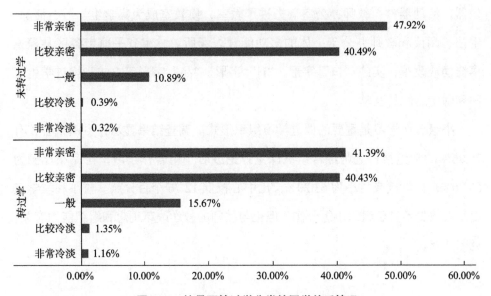

图7.24 按是否转过学分类的同学关系情况

（二）教学方法

小规模学校由于学生少、班额小，教师认为可以给学生更多的参与机会，这是小规模学校的优点。例如，很多地方提出作业面批面改，学生有不会的问题需要当堂当天解答。但学生问卷调查结果显示，对没有掌握的学习内容，教学点或者村小的学生选择老师每天或经常辅导检查的比例也最低，合计为76.40%；乡镇中心校这一比例为80.38%。教学点和村小并没有因为学生少而提高对学生个体指导的频率。

1. 小组合作学习

为提高教学装备的利用率，甘肃省庄浪县把图书、部分教学仪器、电脑、乐器、活动器材、教师办公室等搬进了教室，使教室成为集学生学习、活动、生活、阅读和教师办公于一体的多功能育人场所。甘肃省平凉市各区县探索桌椅摆放改革，实施"口"字形、"U"字形、"品"字形等方式，增进学生之间和师生之间的互动。

小组合作学习是重要的课堂学习组织形式。调查结果显示，乡镇中心校有75.96%的学生报告老师经常组织课堂讨论或者小组合作学习，村完小比例为65.96%，教学点或村小为63.20%，比中心校低12.76个百分点。村小和教学点由于人数少不易于组织小组合作，但也与教师的教学改革理念和组织能力有关，见图7.25。

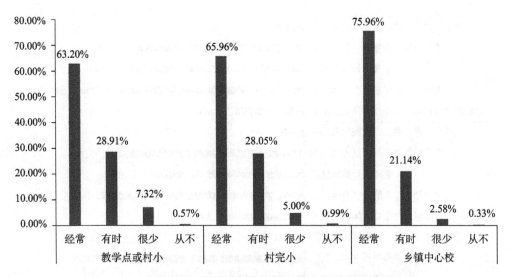

图 7.25 分学校类型的老师组织课堂讨论或者小组合作学习的情况

2. 课堂动手操作

学生课堂的动手操作对培养动手能力和增进理解非常重要。调查结果显示，科学课上，教学点或村小学生认为老师经常在课堂上要求学生动手操作的比例为 52.65%，略低于村完小，但低于乡镇中心校 9 个百分点。数学课以立方体教学为例，教学点或村小学生反映，老师动手操作演示立方体实物和要求学生操作摆弄立方体实物的比例分别为 78.41% 和 73.03%，乡镇中心校的相应比例分别为 82.56% 和 80.45%，见图 7.26。

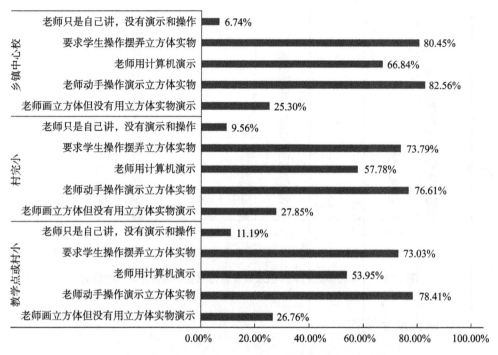

图7.26 分学校类型的数学课上学生学习立方体的情况

3. 老师对未掌握学习内容的辅导检查

乡村小规模学校学生人数少，有利于教师全面掌握每个学生的学习进度、掌握程度等方面的情况。在理想状态下，对于学生未掌握的学习内容，小规模学校教师应能做到经常辅导、检查，直到学生学会、理解并掌握。调查结果显示，总体来看，56.05%的学生对于没有掌握的学习内容，认为老师经常能辅导、检查，直到学会；22.51%的学生认为对于没有掌握的学习内容，老师每天都能辅导、检查，直到学会；认为老师很少辅导的学生比例仅为3.17%。分学校类型来看，村完小、乡镇中心校、教学点或者村小的学生对于没有掌握的学习内容，认为

老师经常能辅导、检查，直到学会的比例均为最高，分别为 58.57%、55.28%
和 53.23%，见图 7.27。上述三类学校认为老师每天都能辅导、检查、直到学会
的比例同样相当，分别为 20.12%、25.10%、23.17%。从调查结果来看，小规模
学校的绝大部分老师都能做到及时帮助学生解决学习存在的问题，促进学生顺
利学习，掌握相关内容。

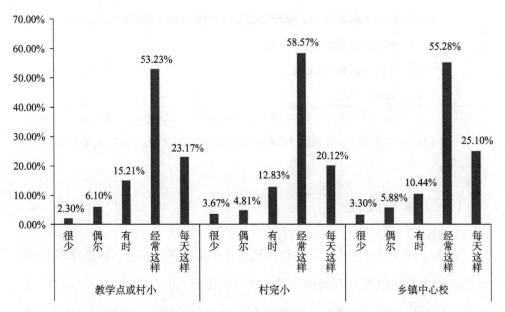

图 7.27 分学校类型的对于没有掌握的学习内容，老师的辅导、检查情况

分是否转过学来看，未转过学的学生对于没有掌握的学习内容，认为老
师经常能辅导、检查，直到学会的比例为 56.77%，明显高于转过学学生的
49.90%；未转过学的学生认为每天都这样的比例为 22.86%，同样高于转过学的
学生，见图 7.28。

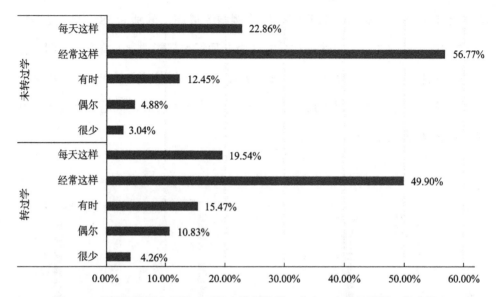

图7.28 按是否转学分类的对于没有掌握的学习内容，老师的辅导、检查情况

（三）家校交流

在学生的成长过程中，家庭与学校是最重要的两个部分，两者密不可分。学生的健康成长既离不开老师的悉心教导，也离不开家长的关心和呵护。家庭教育需要学校的专业指导，学校教育需要家长的配合。家庭与学校应当联手，家校之间有效沟通、顺畅交流，形成强有力的教育合力，共同促进学生的成长。

家长问卷调查结果显示，选择老师经常与家长交流学生情况的家长比例，教学点或村小的比例为73.05%，其次是村完小，为75.60%，乡镇中心学校的比例最高，为82.81%。

教师问卷调查结果显示，教材建议的作业因为学生家庭原因无法完成的现象多的比例，教学点或村小的比例最低，为 22.93%，村完小的比例为 25.36%，乡镇中心校的比例为 27.81%，见图 7.29。

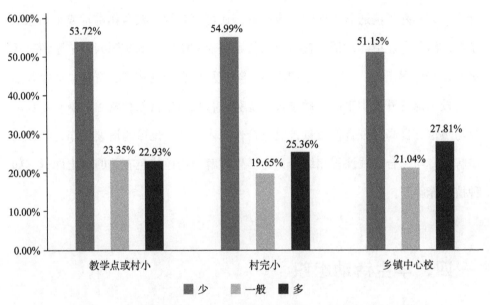

图 7.29　分学校类型的学生因家庭原因无法完成教材建议的作业情况

调查结果显示，教学点或村小、村完小分别有 20% 多的家长认为教师并不经常与其沟通孩子的学习情况，乡镇中心校的相应比例也有 17.19%。徐玲娇的研究显示（徐玲娇，2018），当前家校合作中存在家校合作意识薄弱、家校合作规章制度落实不到位、家校合作方式较为传统、家校合作内容单一四个方面的问题。为更有效地促进家校交流，增强家校合作的实效性，第一，学校应组织有效培训，增强家校合作意识，既要提高校长和教师的合作意识，也要提高家长的合作意识。第二，搭建沟通平台，丰富交流形式，在交流形式的选择上，既要立足传统的教育方式，如家校联系簿和校讯通、家长会、家访等，又要有所创新如利用其他现代信息技术如微信或 QQ 等与家长沟通。第三，丰富家校合作内容，除了沟通孩子的学习成绩外，还可以开设家校合作讲堂或举办家长学校，给予专业指导，帮助教师与家长解决现实中出现的实际问题；邀请家长参与校本课程研发，研发校本课程时，学校可以合理利用家长资源，让家长参与到校本课程开发中来，发挥家长的优势或特长，丰富教育资源，激发家长的参与热情，提高家校合作质量，促进合作深入开展；也可邀请家长作为学校的讲解员，与综合实践课程相结合，为学生讲解与当地特色有关的乡土课程，如种植、养殖等。

四、学生活动组织

学校问卷调查显示，"六一"活动、少先队活动、运动会是学校最经常举办的三项活动，学校比例分别是 94.58%、78.78% 和 67.04%，见图 7.30。"六一"活动各类型学校差距不大，但是教学点和村小举办运动会和少先队活动的比例过低。《中共中央国务院关于加强青少年体育增强青少年体质的意见》规定学校每年要召开春、秋季运动会。《教育部关于加强中小学少先队活动的通知》规定"少先队活动要作为国家规定的必修的活动课，小学 1 年级至初中 2 年级每周安排 1 课时。其中，小学 1~2 年级少先队活动课时可在地方课程与学校课程中安排，小学 3 年级至初中 2 年级少先队活动课时可在综合实践活动中安排。"

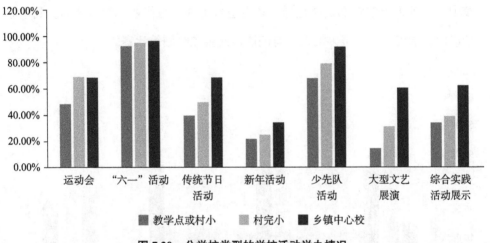

图 7.30　分学校类型的学校活动举办情况

教学点或者村小学校组织课外活动少，参加校际活动也低于规模较大的学校。教学点或村小学生经常参加学校组织的活动（如运动会、演讲比赛、绘画等）的比例为 59.11%，乡镇中心校经常参加学校活动的学生比例为 76.82%；教学点或村小学生回答学校很少组织活动的比例最高，为 28.34%，高于村完小的 21.70%。这两类学校显著高于乡镇中心校的比例，乡镇中心校的学生回答学校很少组织活动的比例为 9.84%。学校之间在校外活动上的合作非常少，只有 15.35% 的学校能够"经常"参加校外或其他学校联合举办的各项活动，"有时"会参加这些活动的学校比例有 44.47%，见图 7.31。从办学类型上看，随着办学规模的不断扩大，参与校外或其他学校联合举办的各项活动的学校比例也从教学点或村小的 8.96%，逐渐增加大乡镇中心校的 25.23%。在座谈中，家长们反映小规模学校在学生兴趣特长培养及活动组织方面机会特别少，加上孩子少，在中心学校组织的"六一"表演等活动方面会很自卑。有学生反映在小规模学校中，老师天天堂堂都是文化课，学生坐着听课，写作业，没有活动。到中心校以后，学校组织了很多活动，有朗诵、演讲和绘画等比赛。

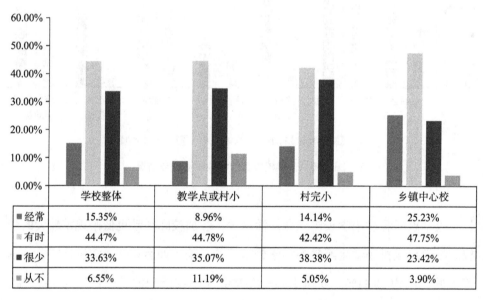

	学校整体	教学点或村小	村完小	乡镇中心校
■经常	15.35%	8.96%	14.14%	25.23%
▨有时	44.47%	44.78%	42.42%	47.75%
■很少	33.63%	35.07%	38.38%	23.42%
▨从不	6.55%	11.19%	5.05%	3.90%

图 7.31　学校参与校外或其他学校联合举办的活动情况

　　距离相对较近的学校之间增加联合举办校外活动的次数，丰富教育教学活动内容。中心校在举办学校间大型活动时，要积极帮助教学点或村小克服困难，提高这些小规模学校参与活动的机会和积极性。

　　对家长的调查分析显示，总体来看，54.68% 的家长认为学校的课外活动比较多或很多，32.83% 的家长认为一般，12.49% 的家长认为比较少或很少。分学校类型来看，乡镇中心校的家长认为学校的课外活动多的比例最高，为 64.62%，其次是村完小，为 50.27%，教学点或年级不全村小的比例最低，为 49.72%，最高比例比最低比例高 14.90 个百分点，见图 7.32。村完小的家长认为学校的课外活动少的比例最高，为 17.17%，其次是教学点或年级不全村小，为 12.40%，乡镇中心学校的比例最低，为 6.43%，最高比例比最低比例高 10.74 个百分点。由此可见，相比较而言，乡镇中心学校的课外活动开展情况更好一些。

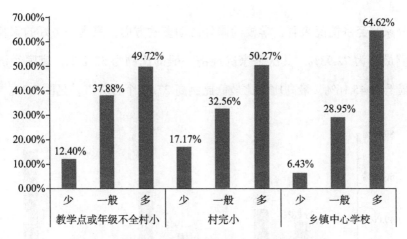

图 7.32 分学校类型家长报告的学校的课外活动情况

分学校规模来看，100 人及以上规模学校的课外活动多的比例为 56.20%，高于 100 人以下规模学校的相应比例为 52.62%，前者比后者高 3.58 个百分点，见图 7.33。

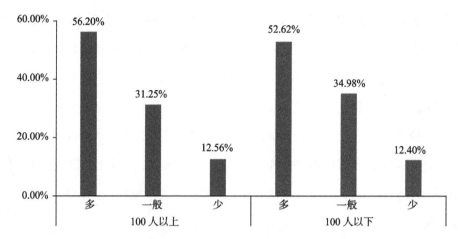

图 7.33　分学校规模家长报告的学校的课外活动情况

分家庭经济情况来看，学校的课外活动多的方面，家庭经济好的家长报告的比例最高为 72.93%，其次是家庭经济一般的比例为 53.48%，家庭经济差的比例最低为 45.16%，最高比例比最低比例高 27.77 个百分点，见图 7.34。

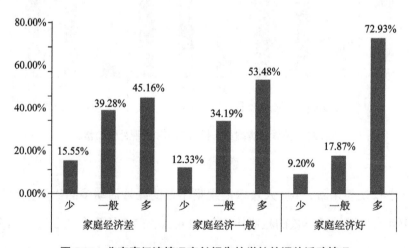

图 7.34　分家庭经济情况家长报告的学校的课外活动情况

第八章　学校管理

2018 年，国务院办公厅颁布了《关于全面加强乡村小规模学校和乡镇寄宿制学校建设的指导意见》，对加强小规模学校的管理体制提出了明确的要求，"实行中心学校校长负责制，强化乡镇中心学校统筹、辐射和指导作用，推进乡镇中心学校和同乡镇的小规模学校一体化办学、协同式发展、综合性考评，发挥乡镇中心学校的统筹作用"。国家在政策层面对小规模学校的管理体制进行了明确的定位，通过提升小规模学校的管理层级来带动小规模学校的资源配置水平。本章通过对河北省石家庄市藁城区、平山县，湖北省宜都市、恩施市和广西德保县、田阳县等地的实地调研，了解各地小规模学校管理的现状，特别是了解乡镇中心学校统筹的管理方式给小规模学校带来的影响，从校长、教师、学生和家长等各群体的角度分析小规模学校内部管理的问题和需求，为未来小规模学校的自主发展提出改进的建议。

一、乡村小规模学校发展的战略导向

（一）规划优先

2012 年《国务院办公厅关于规范农村义务教育学校布局调整的意见》明确提出，"县级人民政府要制定农村义务教育学校布局专项规划，合理确定县域内教学点、村小学、中心小学、初中学校布局，明确学校布局的保障措施"。2016 年《国务院关于统筹推进县域内城乡义务教育一体化改革发展的若干意见》明确了优先发展，统筹规划的工作原则，"做到公共资源配置上对义务教育统筹规划、优先发展和重点保障"。到 2020 年，城乡学校布局更加合理，基本实现城乡基本公共服务均等化的工作目标。由此可见，统筹科学规划城乡学校布局是确保乡村小规模学校健康发展的前提。

湖北省恩施市把乡村小规模学校建设作为发展教育脱贫一批的重点工作来抓。在综合考虑人口分布、交通状况、地理位置、城镇化建设步伐加快等因素的基础上，按照"小学就近入学"的原则，恩施市严格规范学校撤并程序和行为，稳步推进学校布局调整工作，已初步形成"中心小学＋联村完小＋村办初小（教学点）"的格局。

（二）倾斜加大

1. 编制倾斜

2016 年《国务院关于统筹推进县域内城乡义务教育一体化改革发展的若干

意见》明确提出"县级教育行政部门在核定的教职工编制总额和岗位总量内，要按照班额、生源等情况，充分考虑乡村小规模学校、寄宿制学校和城镇学校的实际需要，统筹分配各校教职工编制和岗位数量""着力解决乡村教师结构性缺员问题"。

各地教师编制基本都向农村学校特别是小规模学校倾斜。例如，湖北省宜都市考虑到乡村小规模学校的实际情况，按照开足开好各类课程的要求，配足学校的教师。宜都市乡村小规模小学和初中师生比分别为 1：9.3 和 1：5.5，其配备标准都远远高于国家规定的 1：19 和 1：13.5。

2. 待遇倾斜

对在农村工作的教师，大都落实了待遇的倾斜政策。宜都市一是分两类地区发放农村教师津贴：一类地区 200 元、二类地区 150 元，每月发放到个人账户；二是按不同区域发放乡镇工作补贴，从 2015 年 1 月开始发放，每人每月 300~500 元，半年发放一次直达个人账户。中小学教师年工资总额 10.64 万元，农村学校教师比城镇教师待遇年人均高 7000 余元。

广西德保县、田阳县均实施乡村教师生活补助计划，并参照乡镇工作人员补贴标准对教师进行工作补贴。例如，德保县根据学校交通、工作、生活条件的艰苦程度分每人 200 元 / 月 ~550 元 / 月六个补助档次发放，每年按 12 个月计发；给予乡镇教师每人每月 300 元的工作补贴。田阳县农村学校教师最高补贴达 700 元 / 月，最低也有 500 元 / 月。

3. 职称晋升、评优评先倾斜

湖北省宜都市乡村小规模学校教师评聘专业技术职务，申报职数单列下达、适当倾斜。一是坚持"重师德、重师能、重绩效、重奉献"原则，乡村小规模学校申报专业技术职务，不作外语、发表论文的硬性要求，不要求参加全省统一组织的专业水平能力测试。中、高级专业技术岗位聘用适当向乡村小规模学校倾斜，对取得高级专业技术职务任职资格，在农村学校从教 20 年以上，任中级专业技术职务满 10 年，能较好完成教学工作任务且目前仍在教学岗位工作，年度考核均为合格及以上等次教师，可直接聘用到高级专业技术岗位，不受岗位职数限制。二是建立乡村教师奖扶机制，对在农村学校任教 10 年以上的教师给予奖励。在评先表彰及各级名师、骨干教师的遴选上，向农村教师适当倾斜。

广西德保县对在乡村学校任教累计满 20 年、尚未取得中高级专业技术职务资格的乡村教师，符合申报条件的，经教育行政部门公示后，可不受岗位比例限制，评即聘相应等级岗位。

（三）评价一体

近几年来，宜都市从考核评价的内容设置、标准制定、方式变革、手段改进、结果运用等方面，加强对全市乡村小规模学校的考核与评价工作。一是实施年度考核，确保学校全覆盖，每年全市的 37 所义务教育学校全部按期接受目标管理评价。二是统一考核标准，注重内容的全面性。对全市所有中小学的考核统一使用《宜都市义务教育学校综合办学水平督导评估细则》，包括学校管理、队伍建设、教育教学、办学条件、办学绩效五个方面，覆盖学校工作的方方面面。

三是分类评价，关注对象的差异性。针对全市小规模学校相对集中在小学阶段，宜都市将 25 所小学按办学规模、区域位置等要素分成市直、中心小学、一般完小三个类别，重点考核学校年度目标任务完成情况，淡化校园规划、硬件设施、师资配备、岗位培训、教师交流等非学校及校长管理等原因未能达标的项目。四是注重结果运用及激励。学年度先进单位评比三类学校均按 40% 分配指标，与省级示范高中名额分配直接挂钩，依据考核结果确定学校教师年终目标奖，校长绩效工资发放等次。

二、乡村小规模学校的管理现状和困境

（一）中心校统筹管理为主，管理层级偏低

国家对小规模学校的管理体制进行了明确的定位，2016 年国务院出台的《关于统筹推进县域内城乡义务教育一体化改革发展的若干意见》明确提出，在实行"以县为主"管理体制基础上，将村小学和教学点纳入对乡村中心学校考核，加强乡村中心学校对村小学、教学点的指导和管理。这与课题组实际调研的结果相一致，乡村中心学校在经费、师资、管理等方面加大了统筹管理力度，确保村小学和教学点能享受到乡村中心学校的教育资源。例如，吉林省农安县，村小占到全县小学总数的 86.9%，10 人以下的村小占 32.8%，呈现典型的人少点稀的特点。为加强对村小的有效管理，乡镇中心校与所辖村小实现五个"一体化发展"，包括资金投入、师资配备、课程开设、教师研培、学生个性培养等都要实现一体化发展。

在经费管理上，由中心校统筹，村小和教学点大都没有自己独立的财务账户。通过对校长问卷的分析发现，从学校整体看，有近六成的学校财务账户"在中心校财务报表上分校单列反映"，比例达到 58.92%；只有 34.54% 的学校具有独立的财务账户。从不同类型学校看，教学点或村小、完小中有七成左右的学校财务账户"在中心校财务报表上分校单列反映"，学校比例分别是 69.40%、70.71%。乡镇中心校具有独立财务账户的学校比例最高，达到 68.47%。

小规模学校由中心校统筹管理容易使其处于附属地位。因为中心校负责统筹教学点的经费和所有办学资源，小规模学校的教育资源容易被"统筹掉"。在调研中发现，这些学校的人、财、物等配置需要经过中心小学，只有满足了中心小学，才有机会得到相应的教育资源。对 11 省份开展的小规模学校校长问卷调查分析发现，教学点公用经费存在被中心校截留的现象。52.24% 的教学点或村小的学校公用经费没有按照"不足 100 人按 100 人拨付"。由此可见，超半数的村小或教学点的公用经费存在被中心校或县级教育部门挪用的现象。

（二）乡村小规模学校内部管理总体处于"无权、无力、无援"的状态

由于小规模学校不是独立的办学实体，从外部看，国家明确了乡镇中心学校对小规模学校的管理权力和责任，但如何增强小规模学校的内部管理能力还是有待探讨的话题。从调研的情况看，小规模学校内部管理总体处于"无权、无力、无援"的状态。一是小规模学校负责人的管理权限和责任不太明确。小规模学校需要从中心学校取得资源和支持，而实际的运行管理还是要靠学校自

身的制度和规范。调研发现，由于小规模学校缺乏经费的自主使用权，学校层面对教师激励和管理约束的有效机制，通常处于无力和无效的状态。二是小规模学校通常缺乏自主办学的能力。由于管理体制的约束，小规模学校的自主发展能力往往与乡镇中心校的重视程度和管理方式密切相关。实地调研发现，乡镇中心学校校长大都没有将小规模学校一视同仁，普遍存在将国家拨付的管理经费截留的现象，这无形中影响了小规模学校的发展前景和信心，也削弱了小规模学校的自主发展意识。三是外部支持较弱。小规模学校通常地处边远，交通不便，影响了外部力量对小规模学校的支持力度，督导活动和教研活动通常没有做到对小规模学校进行全覆盖。

（三）乡村小规模学校内部管理负担重，且不规范

调研发现，大量非教育教学的管理工作让原本师资力量不足的教学点运转困难，教师大都身兼多种角色，这无形中就冲淡了教师的教学业务。例如，有地方教学点的老师普遍要承担教学、行政、后勤（给孩子做营养餐）和扶贫等多项工作。如果再有学生寄宿，教师还要兼作孩子的生活管理教师，由此导致教学点教师的工作负担繁重。某教学点有 24 名学生，分属 3 个年级，只有 2 名教师，一、二年级实行复式教学。2 位老师从周一到周五都是从上午第一节课上到下午第 6 节课，一周 30 节正课的课时量，课间要插空给孩子做营养餐。与此同时，2 位老师每人还要负责 5 户贫困户的扶贫工作。

调研中，部分区县作为国家义务教育学生营养餐改善计划的试点地区，营养餐改善计划覆盖所有农村学校，包括小规模学校。由于人口居住密度低，大

部分小规模学校会为学生提供住宿，由此带来安保、后勤、财务等管理工作负担。同时，随着各相关部门加给学校的各项非教育教学工作任务，各种活动、各项内容进校园，特别是在学生数特别少的学校，后勤、安保、生活教师、会计等只能由为数不多的老师兼任，给老师们带来了巨大的工作负担和压力。

学校管理负担重容易导致管理工作不规范。有地方教学点教师反映学校电脑、打印机、多媒体一体机等维修困难，出了故障常常半个月都得不到维修。很多学校的学生反映学校的器材和电脑只有上课时才能用，很多体育器材在购置后较长时间仍比较新。除班级图书角的图书外，图书室的图书每周都只有在特定的时间才能去借阅，通常一周一次。

三、乡村小规模学校管理的改进路径

（一）坚持底线思维

小规模学校是我国基础教育的基石。然而，由于我国农村地域广阔，小规模学校过于分散和偏僻，基础薄弱。加上缺乏先进的教育理念，小规模学校的改造和提升也非常困难。全面提高小规模学校的教育教学质量，对我国农村义务教育进行"底部攻坚"十分重要，是事关教育公平的国家战略，仍然是当前乃至相当长时期内的重要工作。

因此，小规模学校的发展必须树立"底线思维"，给予小规模学校在办学条件、师资、课程开设及交通寄宿等方面基本的保障，必须保障每一个孩子平等地享受受教育的权利，这是打赢脱贫攻坚战，全面建成小康社会的重要内容。尽管目前农村学校依然小而差、小而弱，但其所具有的教育和社会价值，关系到我国教育现代化的实现和中华民族的伟大复兴。

（二）探索县级统筹

目前，乡村小规模学校的管理是在坚持以县为主管理的基础上，由乡镇中心学校进行统筹。下一步应进一步提升小规模学校的统筹层级，将小规模学校发展的情况列入对县级政府教育行政部门统筹管理的职责范围，并列入考核县域义务教育均衡发展水平的重要内容。因此，有必要进一步明确县级统筹管理小规模学校发展的职责和考核的标准。

县（市）教育行政部门要整合多方力量，寻求打破部门分割的管理格局的策略，统筹小规模学校发展大计，鼓励和支持小规模学校的多样化发展和特色发展。一是统筹布局。对于不同地形地貌的地区，其部署乡村小规模学校会有所差异。正如恩施市，由于其境内大部分为山地，农村小规模学校相对保留较多。而处于平原的宜都市，则撤并力度相对较大。如何确定保留还是撤并，需要综合考虑成本、质量保障、家长意愿等。正如恩施市教育局座谈中有科室负责人谈道："随着山区农村的学生数有减少的趋势，要妥善安置 10 人以下的教学点的存续问题。如果办好寄宿制学校所需的交通费、伙食费、住宿费、工勤人员、生活教师等支出成本远远低于建好教学点的成本，建议还是撤掉。二是统筹编制，设置机动教师编制。每个学区或者中心校有专门编制，负责学区内小学的小学科教学；走教教师应在绩效上进行奖励。为教学点教师培训、比赛、开会以及生病事假等，提供备用教师。三是加强经费分类定额补助。在坚持基本公用经费拨付标准的基础上，对规模小的学校进行定额补助。例如，宜都市在提高公用经费拨付标准基础上，又对不足 500 人的小学、初中拨付 4 万元和 5 万元的公用经费定额补助。"

（三）强化规范管理

小规模学校的规范管理既包括明确和规范乡镇中心校对小规模学校的管理职责，又包括不断提升小规模学校自身的规范发展和自主发展能力。

首先，小规模学校需要加强中心校一级的规范管理，进一步提升设施设备等条件的管理能力和水平，提高条件的利用率。中心校管理规范，则教学点的工作就相对规范。例如，河北省藁城区南营中心校对公用经费、学校目标考核、教研活动提出要求，则学校在这些要求的指导下，管理和教学水平都有一定的保障。河北省平山县则规定中心校对小规模学校开展教育督导，对小规模学校的规范办学起到了良好作用。

其次，小规模学校内部要实施扁平化管理，构建小规模学校负责人和教师的发展共同体关系。由于小规模学校的规模限制，难以形成有效的管理层级，内部往往呈现松散连接的特征，而且小规模学校的管理带有浓重的乡土特色，在一定程度上容易弱化以目标为导向的制度管理。因此，增强基于人际关系的民主管理对规范小规模学校的管理显得尤为必要，这种管理策略应随着学校规模的变小而逐步加强。

最后，立足开放办学，处理好与上级部门、社区的关系对小规模学校的发展至关重要。一是小规模学校负责人要处理好与中心校校长的关系，既要争取到应有的资源，又要保持一定的自主管理空间，确保小规模学校形成一个有明确愿景的发展共同体。二是县级教育行政部门和教研、督导等部门要给予小规模学校发展相关的政策支持，使小规模学校发展水平成为评价县域教育发展的重要指标之一。三是小规模学校处于乡村的熟人社会，既要从乡村汲取营养，又要服务于乡村的振兴，实现小规模学校和乡村社会的共同发展。

（四）完善外部支持

若要完善外部支持，需要完善以下三点。

第一，继续完善学区制、对口支援和帮扶等对乡村小规模学校内涵发展的辐射机制。通过骨干教师支教、教师跟岗学习等方式不断传播先进理念，促进乡村小规模学校教师专业水平的提升，确保课程开齐和教学质量的不断提高。

第二，明确教研、责任督学、仪器站、电教馆等要承担小规模学校发展的支持和指导责任。从宜都市的经验来看，教研室通过校本研修工作指南、微课题研究、青年教师研究中心、乡村学校教育改造项目等教研活动，通过送教下乡、挂点指导等方式为乡村小规模学校提供有效的教学指导和支持。

第三，建立学校与社区的良性互动机制。小规模学校是乡村社会的重要组成部分，小规模学校的发展关系我国乡村振兴战略的有效落实。因此，要把小规模学校的发展纳入乡村振兴战略的高度加以重视，将乡村和社区作为学生实践和体验的重要基地，并吸收当地优质的文化作为学校的校本课程，打造小规模学校的属地文化品牌。

第九章　国际经验

一、国外小规模学校建设与发展研究概述

（一）乡村小规模学校的界定与定位

小规模学校的界定标准涉及撤并标准、投入成本等多方面因素。由于社会发展水平和教育发展程度存在差异，小规模学校在各国的界定标准不尽相同，国际视域的小规模学校标准和含义也各不相同。关于小规模学校的界定主要是从小规模学校的地理位置、教室数量、教师数量、班级数量、学生数量及学生年龄等几方面进行界定。芬兰、瑞典判定小规模学校的规模为50人，韩国为60人，印度为100人（李介，2014）。英国教育部建议，在校学生人数少于210人的小学即被认为是小规模学校，少于110人的学校为非常小规模学校，100人以下的学校占比14%（Church of England Archbishops' Council Education Division，2016）。美国将400人以下的学校界定为小规模学校，200人以下的学校认定

为非常小规模学校，10% 农村学生在该类型学校上学（U. S. Deopartment of Education，2007）。

针对小规模学校的实际情况，联合国教科文组织提出了相关建设标准：① 经济成本。专门用于复式教学所需的费用，教育投入（教室、可移动的教学设备、其他小型设备、教具储备箱等），学校办学成本和循环成本（教学资源、教师资助、视听设备、校领导的交通费用等），依据教育投资主体（中央政府、地方政府、家庭、非政府组织以及国际援助）对办学经费进行统计分析；② 社会成本。偏远农村学生不得不承担的交通成本，社区居民对建立和保留学校的舆论压力等。在此基础上，联合国教科文组织进一步提出了未来加强对乡村小规模学校进行长期投资的具体项目。对于小规模学校长期投资的项目主要有前期投入和学校的运转经费，具体项目涉及学校布局规划、校董会聘任、学校建设、基础设施购置、教师工资补贴、设备维修、更新等。该建议是综合了世界各国特别是亚、非发展中国家的乡村小规模学校的实际情况而提出的。它涵盖了学校办学过程中涉及的各个方面，并特别注意到农村小型学校在师资、设备上的相对匮乏，从而将教师补贴、建造教师住房、教师培训及视听设备等项目纳入投资项目中。

（二）多举措保障教育经费倾斜投入

对小规模学校进行倾斜投入是发达国家普遍采取的措施。在英国，2012—2013 学年度，拥有 210 名在校小学生的乡村学校中，每名学生的平均花费是 3796 英镑，而在小学生人数不足 110 名的乡村学校中，平均花费是 5439 英镑，比 210 名规模学校的花费高了 44%（Church of England Archbishops' Council

Education Division，2016）。美国在财政投入公式中进行加权，以便分担教育小规模学校学生花费的较高成本。例如，犹他州规定，在小学阶段，1~10 名学生规模的学校，将得到 30 个额外的加权学生单位，而 50 名学生规模的学校，额外的加权学生单位将增加到 55 个。当学生规模达到 160 人，额外的加权学生单位就不再继续变化（付卫东，董世华，2017）。

美国农业州的立法机构一般都设立相应的条款来保护小规模及教学成本昂贵的学校和学区。比较有代表性的是，在财政投入公式中进行加权，以便分担教育小规模学校学生花费成本。英国实施"农村学校联合体"规划，将联合体内的各个学校财政、管理等统一纳入一个体系，均等地获得办学经费，并接受中心委员会的直接管理，加强小规模学校的办学实力及规范管理。例如，约克教区的一个小学教学联盟，由 8 所乡村小学（注册学生人数分别为 38、93、51、41、20、34、44、37）组成，该联盟有共同的长期计划、发展规划和共享的学科带头人，他们跨学校进行合作 Church of England Archbishops' Council Education Division，2016）。法国由一个市或多个市镇联合体，负责出资进行小规模学校的校舍建设，提供教学设施和维修；而国家负责教学内容、考试、学生考察和教职工的聘任及薪酬事宜等。

（三）温暖策略招募稳定教师队伍

由于乡村小规模学校教师普遍存在数量不足和工作不稳定的问题，大部分国家通过提高福利待遇等方式吸引教师到农村任教。美国对小规模学校的教师资格认证实行了比较宽松的政策，2004 年规定在某些情况下，延长农村教师资格条件的期限，允许农村学区教师在三年内达到任职要求。在资金补助和奖励方面：一是减免到贫困地区任教大学生贷款；二是对在偏远农村学校从事教育教学工作的教师给予物质奖励，包括提高工资待遇、发放奖金、提供安家补助、住房贷款、免费住房、减免税收等。澳大利亚"一师一校"型小学的教师会由于承担管理等非教学工作而获得额外的工资，该项工资的数额依据教师的资历、工龄而有所差别。小规模学校教师的职位晋升会得到优先考虑，即教师在小规模学校的工作经历可以成为其晋升的条件之一。除此之外，教师还应该在以下几个方面达到优秀水平：自身的受教育经历，复式教学水平，口头和书写表达能力，音乐等艺术才能。例如，希腊教育部直接负责任命小规模学校教师，这些教师一般都很年轻，到小规模学校任教通常是他们的第一份工作，他们能获得一定的工作补贴。还有的国家通过安定生活等方式促进教师在农村主任期稳定的工作。例如，为了加强农村教师工作的稳定性，韩国政府侧重派遣一对夫妻到偏远山区任教，并给予他们财政上的优厚补贴。

（四）保障课程开设提升教学质量

提高教学质量是乡村小规模学校存在的根基，也是政府对边远地区居民应承担的责任。保障小规模学校课程开设和教学质量的措施是多样化的，有的采取倾斜式项目制，有的采取融入乡土特色的方式提高教学质量，有的采取提高教师资质办法，有的采取学校间联合发展的措施，有的采取信息化扩大资源等。

20世纪80年代，英国教育部启动了农村学校的教育补助金项目（ESG）。如果农村试点学校达到项目要求，地方教育局就会对其给予资助来补偿这些学校因为规模小而导致的课程缺陷。英国经验表明，大型乡村学校经常地比小规模乡村学校更优秀。随着学业成绩及领导力和治理质量标准的不断提高，小规模和非常小规模学校将会发现他们难以取得良好的评级。因此，英国对乡村小规模学校额外提供广泛的课程和课外活动机会，使儿童们充分、全面地发展。

俄罗斯按照《俄罗斯联邦国家教育标准》开设课程，从 5~6 年级开始，部分农村学校开设与农业生产、生态保护等相关的课程。日本不同的农村学校都会因地制宜地设计和开展系列特色教育活动。有些小规模学校安排学生体验从种水稻到收水稻的整个过程。这项活动结合农时，贯穿在整体教育活动安排中（左晓梅，2017）。乡土特色教育内容的融入利用地方资源，既丰富了学校的资源又提升了学生的学习兴趣。

印度通过提高教师学历的方式为教育质量提供保障。印度 60% 以上的小学是 100 人以下的学校，单师学校的教师只能保证开设主科，其他音、体、美、劳等科目很难开齐。由于很多教师缺乏资格，所以聘用了大量的代课教师。免费义务教育权利法颁布后，印度出台了相关政策，刚性规定义务教育阶段教师必须具备专科学历，以保障教学质量。

小规模学校的师生数量较少，相互学习且交流范围有限，而学校之间相互合作则会大大增强教师和学生学习的机会。英国乡村小规模学校普遍通过团体或集群的方式来合作，其合作方式分为非正式合作与正式合作两种。非正式合作可分为集群、合作、网络、伙伴合作或协作等多种形式；正式合作是指以正式的纸质协议或以法律为基础开展的合作方式。挪威政府实施了"建立学校联合体"的措施。该项措施是将临近村庄的小规模学校组成联合体，各学校间共享教育资源。在一些联合体内，大规模学校的校长也负责管理其他小规模学校的工作。在交通便利的地区，很多学校经常组织各个学校之间的学生在一起开展学习活动，如讨论会、实验比赛等。

信息化手段缩短了学校之间的距离，是信息时代对小规模学校发展的馈赠。澳大利亚和加拿大的偏远地区，以及苏格兰高地和岛屿地区，都普遍运用了信息化技术方式来保障乡村小规模学校儿童获得较高质量的教育（赵丹，范先佐，2014）。在这些地区，信息技术教学成为主要的教授方式。也就是说，学校的核心课程是由教学水平较高的教师在线上讲授，该教师实际在同时向许多不同的学校授课。这种方式有助于为乡村小规模学校规划和提供高品质的课程，实现高效的知识分享。如果能够在当地访问各种资源，通过技术强化课程，将会实现由虚拟网络支撑的、有效的社区课堂，从而大规模提供单个学校可能永远也无法担负得起的学科名师、专业知识和教学经验。

二、日本的小规模学校发展经验 ❶

日本由于人口老龄化，中小学招生人数持续减少，偏远地区的小规模学校也面临着严峻的生存和发展问题。日本的小规模学校不限于小学，大量的中学也逐渐萎缩成小规模学校。日本政府为保障农村地区人口受教育权和活力，中央和地方采取了各种措施来刺激小规模学校的发展，对我国具有一定的启发价值。北海道地区地广人稀，是日本所有都道府县中人口密度最低的一个行政区域，仅是全国平均人口密度的1/5，是一个小规模学校比例较高的地区。这个案

---

❶ 本节原始数据和资料由日本文部省和北海道各级有关教育管理机构提供。

例对我国具有借鉴意义。因此，本节将以北海道地区的情况为重点案例介绍日本的小规模学校发展状况和政策。

（一）小规模学校的界定和分布

考虑到北海道的地区特性，北海道教育委员会在 14 个地区（管辖区域内）设立教育局作为派出机构。教育局的主要职责：① 针对市町村机关、学校及教育相关团体提供指导、建议和支援；② 负责政策的规划制定及推广和实施工作；③ 负责中小学教职人员的人事、培训等工作。

《日本学校教育法实施细则》（1945 年文部省第 11 号令）对中小学标准和规模做出规定，中小学的班级数量应在 12~18 个。每所标准学校所配备的标准设施能够满足 600 名学生、15 个班级的需求。根据日本学校教育法的规定，规模较小的学校是大规模学校的分校。小学分校规模为 5 个班以下，中学为 2 个班以下。

1. 按照学生数划分的学校规模情况

根据 2016 年日本在校生规模统计，小学和中学学生规模为"1~99 人"的学校占比最高，在全国小学占比 22.8%，中学占比 18.9%，见图 9.1。其中，北海道百人以下学校在小学阶段占比 36.8%，中学占比 39.6%。2017 年，我国小规模学校数约占全国小学校点总数（教学点按独立学校计算）的 39.37%。虽然我国小规模学校占比较高，但全国学校平均规模为 373.84 人。这说明我国的学校之间、城乡之间规模差异较大。❶ 不论城乡差别，1000 人以上的学校都较为常见。

---

❶ 依据我国教育部《2017 年全国教育事业发展统计公报》计算。

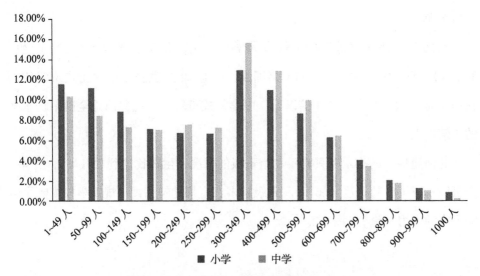

图 9.1　2016 年日本全国分人数段的学校占比

数据来源：日本 2016 年学校基本调查报告书（文部科学省发行）

2. 按照班级数划分的学校规模情况

《日本义务教育学校班级编制标准规则》（1966 年北海道教育委员会规则第 1 号）规定，小学 1 年级和初中 1 年级标准班额为 35 人，其他年级为 40 人。在学年人数少的情况下，将两个及以上年级合并成 1 个班级单位。复式班有 1 年级学生时，8 人以内即可成立复式班，不包含 1 年级学生时人数在 16 人以内可以成立复式班。

班级编制举例：

在小学 1 年级 4 人、2 年级 4 人的情况下，1 年级学生和 2 年级学生组合为同一班级，成为复式班。

在小学 1 年级 4 人、2 年级 5 人的情况下，1 年级学生和 2 年级学生分为两个班级单位。

2016 年，北海道低于标准规模的学校比例，公立小学占比 48.2%（全国 39.5%），公立中学占比 58.9%（全国 40.4%）。北海道公立小学复式班级比例较高，是全国平均水平的 3 倍以上。中学复式班较少，但仍旧是全国平均水平的 3 倍以上。

北海道地区的小学在只有 1~3 个班级的情况下生师比达到 2.61：1，有 4~6 个班级情况下生师比达 4.06：1。班级越多，生师比越高，小规模学校得到了较为可靠的人力保障，见图 9.2。

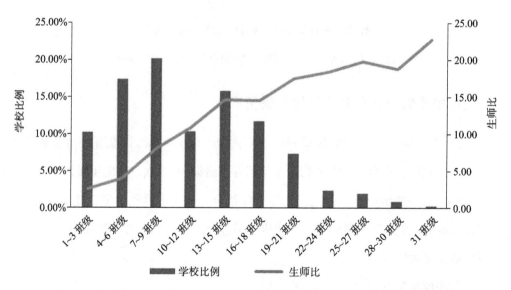

图 9.2 北海道 2016 年小学（公立）按班级数量的学校规模情况及相应生师比

注：依据北海道教委提供原始数据计算。

从学校数量分布来看，北海道地区有 1~3 个班级的学校占比 10.4%，有 4~6 个班级的学校占比 17.5%，合计 27.9%，高于全国平均水平（16.2%）11.7 个百分点。公立小学有 7~9 个班级的学校最多，比例为 20.3%。从公立初中学校数量分布来看，有 4~6 个班级的学校最多，比例为 28.8%；另外，有 1~3 个班级的学校占比 13.6%，合计 42.4%，高于全国平均水平（24.1%）18.3 个百分点。

（二）办学条件配置与改善

1. 设施设备

日本并没有为小规模学校制定专门的建设和教育装备标准，所有标准与其他学校的规定是一样的，部分指标在国家标准中予以了特别说明。中央政府设置标准和指南，如《小学设置标准》《中学设置标准》《学校图书馆图书标准》《小学设施配备方针》《课程指导纲要》《教材配备指南》等，地方政府依据中央标准和指南自主计划配备教学设施设备。偏远地区人口稀少地的学校及合并校，中央政府会给予一些额外补助。

如表 9.1 所示，日本的图书配备是依据班级数量测算的，每个班级规模段都有一个配置基数，按照班级数量乘以不同系数来增减图书数量配备。只有 1 个班级的学校也可以藏书 2400 本，极小规模的学校生均图书册数能够达到上百本。日本按照班级数量配备，以及在极小规模学校设置底数的做法，值得我国学习。这样的做法避免了一些问题。例如，小规模学校由于人数少，若按生均

25~30 本的标准配置，学生阅读种类和阅读数量会受到限制，完成课程标准要求的阅读量就会存在困难等。

表 9.1　日本《学校图书馆图书标准》

班级数	小学藏书册数	中学藏书册数
1	2400	4800
2	3000	
3~6	3000 + 520 ×（班级数 - 2）	4800 + 640 ×（班级数 - 2）
7~12	5080 + 480 ×（班级数 - 6）	7360 + 560 ×（班级数 - 6）
13~18	7960 + 400 ×（班级数 - 12）	10720 + 480 ×（班级数 - 12）
19~30	10360 + 200 ×（班级数 - 18）	13600 + 320 ×（班级数 - 18）
31~	12760 + 120 ×（班级数 - 30）	17440 + 160 ×（班级数 - 30）

《国家第二期教育振兴基本计划》制定了教室配备电脑台数等目标，旨在改善中小学信息技术设备等的教学环境。北海道教育委员会面对学校分散、地域广、规模小的情况，开展高效使用 ICT 设备方法的调查研究，积极推进交流学习，在学校推广专业性较高的远程课程。

2. 运营经费

《日本学校教育法》（昭和 23 年（1948 年）法律第 23 号）规定，学校经费由举办者承担。依据学生数量或者班级数量，国家向地方分配所得税，为设有公立中小学的市町村提供学校运营经费，各市町村拥有学校运营的所需预算。标准班级按照 40 人计算教育经费，当学校只有 1 个班级或者 2 个班级的时候，学生数量按照每班 35 人计算。考虑到偏远地区的地域特殊性，国家也会规定特殊补助比例，见表 9.2。

表 9.2　日本中央政府给予北海道地区特殊地域的特殊补助比例

设施	类别	一般	特殊			
			孤岛 （6 个市县村）	人口稀少 （149 个市县村）	暴雪 （86 个市县村）	偏远地 （137 个市县村）
校舍、 体育馆	新建、 扩建	1/2 （5/10）	5.5/10	—	5.5/10 （分校）	—
	综合		5.5/10 （校舍）	5.5/10	—	—
	改建	1/3	5.5/10	5.5/10	5.5/10	—
教职员 住宅	新建	国家 不负担	5.5/10	5.5/10 （综合）	5.5/10	1/2

注：表头中（）指北海道 179 个市县村中符合描述的市县村数量。

（三）教师编制和待遇

1. 编制标准与人事交流

按照《日本地方教育行政的组织及运营相关法律》（1956 年法律第 162 号）第 41 条第 2 项规定，省政府负担的小学（含义务教育学校的学前准备课）及中学（含义务教育学校的后期课程和中等教育学校的前期课程）的教师编制标准按表 9.3 中的标准执行。

表9.3　北海道地区教师编制标准

班级配置数量	1班		2班	3班		4班	5班	6班	
	合并设置学校	独立设置学校		独立设置学校15人以下或合并设置学校37人以下	独立设置学校16人以上或合并设置学校38人以上			100人以下	100人以上
小学	2		3	4	5	6	7	8	9
中学	3	4	6	9		9	10	11	

　　基于教职人员设置标准，根据不同情况，包括孤岛学校、合并后的或者准备合并的学校、合并困难的人口稀疏地区的小规模学校，可适当增加教职人员数量，专门针对学生的学习掌握程度开展精确指导，或者应对霸凌和厌学等问题。此外，部分市町村还自费增设教职人员。

　　在教职人员录用制度方面，北海道教育委员会将整个北海道划分成政令指定城市札幌市和札幌市以外的地区分别实施。北海道教育委员会拥有教职人员任命权，在维护改善符合不同实际情况地区的教育条件的同时，也从教育机会均等、全北海道教育水平提高出发，不断推动城市和乡村，以及偏远地区与非偏远地区之间的人事交流工作。各教育局（14个教育局）分配辖区内新录用者的首次任职地，录用者上任之后会在同辖区内经常性调动。各教育局根据地区特性等辖区内的具体情况制定人事调动办法。各教育局之间也存在人员调动，针对"日高・宗谷・根室"这三大教职人员稳定性低的地区，为了从源头提高教职人员稳定性，培育本地教育人才，推进地方教育事业发展，从2010年的教师录用考试审查开始，三地联合设定了"地区圈"这一新制度。在第一次审查中提交了报告的，去以上三地应聘可免除一次教师资格审查手续；录用后4

年内，在以上三地以外的辖区任职，4 年后想来三地任职的，可随意选择一地任职。

2. 教职员的培训和进修

为了鼓励教职员参加自主性、创造性的研修活动，以及有关学校研究课题的调研活动，日本政府制定了《校内教职员研修补助》有关办法，承担教职员出席研究会、研修会等会议的差旅费。在分配研修预算时，政府还考虑到学校的地域条件，增加偏远学校的分配额度。

为了应对学校小规模化的问题，从 2012 年开始，更多的学校参加多校联合研修的"地区合作研修"活动，这些举措既可以消除小规模学校的校内研修的困难，又可以使临近学校之间共享信息，丰富教育活动。

3. 工资和待遇

中小学教职员的工资由中央国库承担三分之一，都、道、府、县承担三分之二。由于都、道、府、县承担的三分之二从国家分配给地方的所得税中支付，所以实际上市级区县不支付教职员工资。相关法令有《日本义务教育费国库承担法》《日本市县村所属学校教职员工资法》。

教师收入包括常规工资、教学人员津贴、特教津贴、家庭津贴（给配偶、子女及其他家庭成员）、地区津贴和偏远地区津贴、租房津贴、通勤津贴、单身赴任（不得不与配偶分居的情况）津贴、行政津贴；此外，还有各类加班津贴、御寒津贴、绩效津贴和奖金，以及各类非常规工作如看护学生游学津贴或者突发事件处理等津贴。

偏远地区津贴是向在偏远地区学校（地处交通条件及自然、经济、文化等条件恶劣的山地、孤岛等地的学校）及视同为偏远地区学校工作的教职员支付的费用。支付额度＝（每月工资额度＋抚养津贴）× 支付比例。支付比例是按照学校所属地域级别确定的，见表9.4。依据国家《偏远地区教育振兴法实施规则》，都、道、府、县制定地域级别和支付比例适用标准。按照到车站、医院、高中、邮局、市町村教育委员会、金融机构、超市、市中心地，以及都、道、府、县政府所在地等距离划分学校所在地域等级。

表 9.4　北海道地区学校地域等级划分

地域级别	支付比例	学校数量（所）
5 级地	25%	12
4 级地	20%	13
3 级地	16%	52
2 级地	12%	159
1 级地	8%	245
视同为偏远地区学校	4%	95
总计	—	576 / 共 1645

管理几个年级或班级的教师也有津贴。例如，向担任 2 个年级以上的复式班班主任支付的津贴。管理 2 个年级的教师每月有 6090 日元（约 365 元人民币）津贴，管理 3 个年级的每月有 7350 日元（约 441 元人民币）津贴。

为了促进教职员医疗及养老金等的发放工作及福利工作的开展，依据《日本地方公务员等互助工会法》设立公立学校互助工会（北海道支部），对健康诊断、健康咨询、妊娠检查等所需交通费及住宿费提供部分补助，以帮助在孤岛及偏远地工作的教职员。

（四）提升学校活力和质量

小规模学校由于地区偏远、社区人口少，学校人数少、活力不足成为其共性问题。学校活力不足会引发人心涣散，师生上进心不足，最终导致教学质量下降。日本社会已经充分认识到创造具有活力的小规模学校具有重要意义。

1. 国家制定增强校园活力指南

日本文部科学省在 2015 年 1 月制定了《公立中小学应对少子化的活力校园建设国家指南》，明确探讨学校是否合并的程序，以及保留小规模学校时的教学完善措施的基本方向及注意事项，市町村参照此手册开展工作。

2. 发动社区力量共建增强学校活力

日本政府和社会认为，学校应发挥培养作为区域未来中坚力量的人才的作用；学校与社区合作开展教育工作是增强小规模学校活动的关键渠道。学校与所在区域合作、配合，开展社区和校园等区域全员支援孩子成长的活动，开展此类活动的市町村逐渐增多。

北海道地方政府大力创造学校与区域全员共同支援孩子教育的环境，支持学校与区域合作、配合，培养能够承担区域未来责任的人才，同时加深区域居民的联系，激发区域活力，促进以学校为核心的区域治理，并加大对市町村及学校的支援力度，为其提供所需信息及指导建议。

在国家补助支持下，北海道栗山町于 2009 年设立学校支援地区总部，负责町内 3 所小学和 1 所中学的教育活动支援工作。通过这一举措，当地居民对教育的关注度也不断提高。从 2014 年开始，这里又依托学校支援地区总部，设立"周六教育活动地区委员会"（监护人 4 人、地区居民 4 人、学校相关人员 4 名），联合地区居民和企业等多方力量开展了周六授课活动。此活动兼具地区参观日的作用，增加了学生监护人、地区居民等多方面人群之间的活动交流机会。例如，周六授课日在以"地区传统·文化·产业体验学习"为活动主题的同时，又加入"道路修整、牧场·养鸡场·农村、消防"等体验学习活动；开展乌冬面、冰淇淋制作等活动，为地区居民提供向专业人士学习家乡传统产业、文化的机会。

培养孩子们热爱故乡并以故乡为豪也是周六活动的目的。北海道政府期望教育活动让孩子们拥有作为北海道的一员自己与家乡建设息息相关，以及将来在北海道生活的自觉意识。教育活动联合地区居民共同开展，居民对学校的关心程度也提高了，支持学校教育事业的家庭，以及企业也在不断增加。通过全面学习身边的事物，学生们对学习的兴趣与关注度都提高了。

地区研究机构和大学发挥了重要的外部支持作用。例如，针对科学体验机会少问题，北海道教育大学、北海道教育研究所附属理科教育中心承担了移动理科教室项目，通过科学宣传车等来实施移动理科教室，并由民间组织代理运营科学宣传车，在 6 个辖区内流动巡回。

3. 加强对复式教学的研究和指导

复式教学是小规模学校开展教育活动最经济、高效的方式。北海道于 2014 年成立了偏远地区复式教育研究大会，下设 9 个分委员会，负责辖区复式教育的指导和交流活动。北海道道立教育研究所附属理科教育中心开展复式教学研究，为教师编制针对不同年级的复式教学指导手册，并召开复式教学培训讲座。例如，小学理科复式教学特别培训每年两次，每次 16 名教师。

下级地方政府也会通过自主开展各种活动提高复式教学的质量。例如，为了解决小规模学校复式年级学习指导上的问题和丰富交流学习内容等，鹑川町推行了 3 所复式学校的教学交流及研究协商，每学期召开 2 次运营委员会工作会议和 5 次交流学习会议。会议主要围绕两大议题：一是在教学交流方面，重点关注采用何种复式授课方式与学习过程来提高教学效果，如何运用复式教学实现精准指导，让学生掌握基础知识并激发其个性与创造性；二是研究地方乡土课程和丰富学习指导内容，集团内学校打破年级限制推进共同学习，以本地文化经济活动为素材丰富学校教材、设计学习资料，研究跨年级的适当的学习分组和学习内容，安排并开展学习交流活动。

日本复式教学质量的提升不仅关注教师的复式教学能力，还注重培养学生适应复式教学的基本功。辅导学生具有语言表达能力，能够流畅、准确地阅读文章，并在笔记本和计划书上认真记下自己的想法，用自己的语言准确表达。由于掌握学习方法非常重要，复式教学重视培养学生设定自我目标，按照自己的节奏学习，养成独立学习的习惯。学会沟通和倾听在复式教学中也很关键，学生要学习相互沟通，能认真倾听和思考同伴的谈话和想法，并吸收其中正确的部分。

运用小规模及复式教学的教育实践案例

1. 对全校不同年龄段学生分组的指导

   为养成孩子相互帮助的品德，让不同年龄段的学生共同参与各种教育活动。

   （1）全校游戏。学生会计划，全校学生参与。

   （2）全校便当。学生会计划，全校品尝美食。

   （3）清扫美化运动。由不同年龄段的学生实施学校周边的清扫活动。

2. 活跃气氛的全校音乐活动

   通过一场又一场的多人合奏及大合唱，激发学生对音乐的兴趣，并使他们勇于展现自我。

3. 仪式活动

   入学典礼、地藏节活动、庆寿苑访问、学艺会、毕业证书授予仪式等。

4. 亲近自然等体验式学习

   （1）利用区域资源的栽培活动。全校学生一起体验插秧、割水稻。

   （2）校园内的栽培活动。

注：宫户小学 2018 年有 5 个年级 3 个班级 16 名学生，8 名教职员。

资料来源：鹉川町立宫户小学的特色教学活动 . http://mukawa.ed.jp/miyato/pdf/newpage2.html

在实行复式教学的学校，每节课上老师对各年级进行交替指导。老师不在时，由科代表负责领导并组织相互交流意见。在此过程中，学生能够总结自己的想法、相互认同彼此，并互相帮助，而科代表还能提高组织领导能力与自信。

所有学生都参与活动的规划和运作，每个学生都有自己的角色和责任。在小组活动中，建立一个由 1~6 年级学生组成的垂直分工团队，高年级学生担任领导并照顾低年级学生。

（五）撤并标准与发展趋势

多数国家正在经历人口减少、农村学生规模下降的问题。为了降低成本，撤并学校是普遍的做法。但是，撤并的原则首先要以改善和提高儿童的教育条件为前提，确保合并后学校教育环境得到很好的改善。日本也不例外，北海道的很多区域不断出现中小学合并的现象。在 2006 年以后的 10 年间，北海道的小学数量约减少 22%，中学数量约减少 12%。作为公立中小学举办者的市町村政府，一般会根据日本政府 2015 年制定的《公立中小学适当规模·适当配置相关手册》，在考虑在校生数量、上下学时间、距离、交通条件、气象条件和地区特性等因素基础上，探讨研究包括学校合并、关闭在内的合理配置问题。撤并工作分为三个阶段，第一阶段对家长和学生进行广泛调研，了解意愿。第二阶段开展撤并后的准备工作，保障学生上学安全快捷；新学校的办学条件充足。比如，上学路上路灯是否充足，学生融入新学校需要的特别辅导等。

日本政府对学校规模变小的风险考虑较为长远和前瞻，现在已经开始着手准备应对高中小规模化的趋势。他们认为高中阶段培养学生个性和各种能力的同时，根据学生的兴趣爱好和未来发展方向建设有魅力的高中也非常重要，应采取措施充实与支持北海道当地事业相关的实践性教学，保持当地教育的水准。大学等教育机构是当地"知识的据点"，要在消除区域间学习机会的差距和培养支持本地发展的人才等方面发挥重要作用。鉴于我国有的地方已经有小规模初中的出现，日本现状可能就是我们的未来，我国也应未雨绸缪并研究教育资源在学段之间打通使用的办法。

北海道教育委员会广泛传播关于人口减少问题的认识，认为不仅仅是大人，孩子们也需要理解这一问题，让肩负北海道未来的孩子们理解北海道的现状和将来可能发生的问题。教育儿童了解自己家乡的社会状况、讨论家乡的发展问题，培养对家乡的责任心，这些举措尤其值得我们的学校借鉴。

三、新学校模式：复式学校的学生中心教学法 ❶

（一）实施背景

受联合国在全球范围推广的统一学校模式（Unitary School model）的启发，新学校模式（Escuela Nueva，EN）旨在为那些需要在一个教室内同时为多个年级授课的教师提供专业性支持。新学校模式是由联合国在哥伦比亚赞助的统一学校项目发展而来的，其追求目标与统一学校项目一致，如提高初等教育的机会与覆盖范围。新学校项目不同之处在于引入了一种更系统的方法，不限于课堂，更强调教师实践的创新，以及教师作为引导者而非指令发送者的新角色，提倡积极地参与式学习和以儿童为中心的方法。该项目从一开始就考虑干预措施可能会影响国家政策，所以制定的策略在技术、政策、资金，以及复制的便捷性方面都具有可行性。❷

20 世纪 70 年代中期，新学校模式起始于哥伦比亚教育部和国际开发署（USAID）的资金支持，在已有的统一学校项目的基础上开展自己的新项目。统一学校项目无论是在技术、政治，还是资金方面，都不适合推广。在技术上，教师在制作精细化的自学卡片方面也遇到了困难，统一学校项目要求更多个性化学习。在政治上，此项目遭遇了教师工会的反对，因其要求教师投入时间，尤其是设计自学材料，同时学校还面临着教师数量减少的挑战。此外，当时的

---

❶ 此部分材料源于 Vicky Colbert 与 Eduardo Velez Bustillo 的研究论文。

  Vicky Colbert 是 2013 年智慧奖获得者和 2017 年一丹教育发展奖获得者。

  Eduardo Velez Bustillo 是美国乔治城大学客座教授，中国北京大学客座教授，日本神户大学访问教授。

❷ AERA，Lead the Change Series，Q&A with Vicky Colbert，Issue no 29 August 2013.

哥伦比亚还存在辅助性方式的其他经验，而教师更愿意接受这些经验，也更有成功的机会。

新学校模式的项目是在统一学校项目积累的经验上提出来的，并在国家层面上达成了共识，引入包含具体操作性策略的更系统的方法，具有可复制性，且易推广并节省成本。最终，新学校模式成型于 20 世纪 70 年代中期，10 年后成为一项国家政策，推广到 8000 所学校。在 20 世纪 80 年代末期，这个项目增加到了 2 万多所学校。这一模式已在全世界多个国家得以实施，包括巴西、危地马拉、越南、尼加拉瓜、墨西哥和赞比亚等。新学校模式被广泛认可为一种可提高教学质量的成功模式。这一模式一旦成为某国教育部推行的一项国家政策，都会根据该国采纳这一模式的薄弱地区进行调整。例如，太平洋西岸国家在联合国儿童基金会支持下对新学校项目的引入就是这样做的。在世界银行资金的支持下，新学校模式被选作为国家整体普及初级教育的实施策略。

由于创新容易受到政策和行政变革的影响，新学校模式项目创始人及核心团队创办组织了新学校模式基金会（Fundación Escuela Nueva Volvamos a la Gente❶），非营利组织，核心任务是提高新学校模式的质量，推动其可持续性发展，并对其进行及时创新和调整以适应新的环境和人群。例如，城市活力学校项目（Escuela Activa Urbana）面向城市人口，新学校学习圈项目面向流离失所的移民人口。新学校项目是发展中国家持续时间最长的自下而上的创新项目之一，得到了民间团体，如新学校基金会、全国咖啡种植者联合会和高等教育

---

❶ Fundación Escuela Nueva 因其对多元化的贡献获得卡塔尔 2009 世界教育创新峰会奖："通过创新教学模式提高了低收入学校的基础教学质量"。wise.escuela Nueva [EB/OL]. [2017-10-15]. http://www.wise-qatar.org/escuela-nueva-colombia.

基金会的支持。这些组织在项目的可持续性和推广引进方面发挥了重要的作用。该模式得到了不同国际组织的支持，并主要通过政府开展工作，已被至少 16 个国家采纳，覆盖 700 万儿童，帮助提高偏远农村地区和城市边缘地区贫穷弱势儿童的受教育机会和质量（Schiefelbein，1993）。

本书将描述该模式的主要教学特点，并依据基于生产函数（相关性分析）、准实验设计或严格影响评价获得的研究结果，证明被世界不同地区所采纳的新学校模式在提高学校层面的内部效率指标、学生认知成就及生活技能方面是有效的。本部分还将提供在世界各国实施这一模式的一些经验教训，并进行总结性评论。

（二）新学校模式特征

从哥伦比亚农村新学校模式的案例中，可以看到国家所采取的传统的以教师为中心的教育模式的差异。在新学校模式诸多研究任务中的一项研究中，组织活动让全世界所有的新学校模式的实践者和政策制定者了解了该模式的优点。印度的一名高层官员总结了自己首次参观哥伦比亚农村新学校模式的实验学校的经历。他说，这让他开了眼界，在他们 5 位参观者（4 位外籍人士）抵达该学校时，向教师询问他们是否能在教室里观察一段时间时，老师们在对来访者表示欢迎后，与一名学生代表商量是否能让他们进行参观。该学生作为学校治理组织（School Government）的主席，批准了这次参观。因为参观者想要学习，他们来访目的是了解新学校模式是如何实施的。这是第一件让印度同事感到印象深刻的事情。

第二件让印度同事感受深刻的事情是，在他们进入教室与教师和学生代表交流的时候，其他学生一直在做自己的事情（读书、小组合作、讨论文件等），教学并没有中断。事实上，在代表团到达时，教师让学生们欢迎来访者，但一秒钟后，他们就回到了自己的学习任务上。

第三件让印度同事印象深刻的事件是学校治理组织的主席邀请其他学生参与和来访者的对话。参观代表团问了开始的几个问题，然后学生开始向代表团提问。学生想要知道他们来自哪里，请他们在地图中指出自己的国家所在地。他们询问关于他们住的房子的类型和他们吃的食物的种类，他们所在国家的教师、图书、作业练习等有关问题。他说，这给他留下了很深刻的印象，因为在他的国家，他自己从未感受过这样的事情。在他的国家，学生的角色更被动，一般只有老师提出问题。但在经过几个小时的教室观察，让他和其他来访者印象最深刻的是教师的角色，老师使用了很多教学方法。这是一位充满活力的老师，有时对全班进行讲解，有时会观察小组的合作练习，或向某个完成自我测试的学生提供具体的反馈，或将20分钟时间用在一个某学科功课落后的学生身上。他说在他的国家，灌输式就是标准。

埃内斯托·希费贝恩（Ernesto Schiefelbein）曾在联合国教科文组织和世界银行任职，他也是前哈佛大学教授及智利教育部前部长。作为该模式的最早的拥护者之一，他曾对该模式写过一篇清晰的介绍，与印度同事对该模式的观点一致。埃内斯托（Ernesto）写道：

"当你进入一所采用新学校模式的学校时，来访者会看到这与其运行方式截然不同，会给予儿童更多关注。一些孩子会走近来访者并带着兴趣和平静的心情问他们来这想看什么，其他孩子专注于自己的任务或进行小组讨论，老师完成了对小组的指导，然后可以和来访者交谈。

每个人似乎都明确知道自己应该做什么。如果来访者提问，他们可以告诉来访者他们正在做什么。更重要的是，他们可以告知来访者他们是如何学习的。他们知道自己的学习方法。例如，观察、反思、独自书写，然后小组交谈，对自我评估的要素进行对比，检查并重新纠正、书写，最后向老师寻求意见或建议。他们在需要的时候或出现困难时可以找老师。因为在这个学校，教师真正地实现了师范学校一直建议的、但几乎从未实践过的角色：成为推动学习者学习过程的指导者（Ernesto Schiefelbein，1991）。"

上述观察反映了新学校模式的一些策略和结构。项目实施之初就明确了项目最终目的是确保教育周期（依据各国普及教育水平，可以是小学或中学，也可以是农村或城市教育。正如前面所述，该模式已扩展到所有类型的学校）的毕业生能够达到国家课程规定的认知及非认知水平。整个教育周期的所有教学努力都通过参与式学习方法实现以学生为中心。新学校模式尽力将复杂性转化为可管理的行动，从而使任何老师都能在没有任何理论或困难的情况下，变革学习环境。很多老师赞赏该模式所提供的东西，证明了该模式是可行的，并非常适合其目标受益群体。在项目启动之前，研究其成本和效果，对影响国家政策并激励教师自身产生需求驱动，以及对于项目取得成功是至关重要的。这个国家没有太多关于复式教育的概念。此外，典型的职前教师培训计划不包括复式教学，尽管哥伦比亚有很大一部分农村学校都是建制不完整的，但事实上采用了复式教学。实际上，这是世界上许多国家仍然发生的事情。

新学校模式的目标包括：① 鼓励学生积极参与解决课堂上的学术问题；② 鼓励学生在与他人互动时重视民主、宽容、尊重和冲突协调；③ 强调学习过程中的合作、团队协作、领导力和学习动机。通过鼓励学生应用设计的互动模块开展小组活动来实现协作学习，促进对话、批判性思维，并将新知识应用于家庭和社区。最终，学生能够达到国家课程规定的认知和非认知水平。要实现这些目标，新学校模式应用了以下要素。

1. 弹性升级

一套弹性升级机制可以让学生能够按照自己的进度从一个年级升到另一个年级，完成学习单元。

2. 协作

学生之间及学生与老师之间一直保持沟通，他们能够持续向彼此提供反馈。该要素还要求学生分享信息和资源，在与学习有关的讨论中发挥积极的作用，与小组其他成员和老师分享其合作成果。协作要素提升了要求尊重他人意见的团队解决问题，以及合作学习的效率。

3. 公民参与

这一要素通过一些手段如学校治理组织在学生中间渗透民主行为教育。在教师的支持下，学生可以组织学生政府、各类学生委员会和其他手段来推动学生参与。这是一种重要的教育策略，可在学校促进公民和民主原则及团结和宽容精神。该实践有望帮助学生发展建立多元化与多样性关系的技能，并帮助学生获得批判性思考技能，从而找到解决问题的方法。学生们模拟选举过程，从不同的竞选者中选择代表担任不同的职务，如会长负责不同的学校委员会等。简而言之，学生们在发展认知成就的同时，潜移默化吸纳了诚实、忠诚、正义、真理、尊重、奉献和合作等价值观。

4. 学生学习指南 ❶

新学校模式最重要的一个特点就是能够教会学生如何学习。该项目的课程内容包括学生的学习指南和教师手册，两者遵循了同样的教学方法，从而老师们可以和他们的学生一起使用同样的参与式方法。这些指南根据国家批准的课程设计，旨在补充完善教科书。学习指南的方法论由一系列连续性的步骤建构来指导学生独立地、成对地或组成小组解决问题。这些指南是专门为每个科目和每个年级编写的。因为学习指南是自定步调设计的，极具灵活性，并能促进个人和小组的活动。

学习指南还对学习过程进行了系统化设计，作为教师的规划工具，可由教师根据所在区域和地方的需要进行调整，鼓励将学习实际应用于家庭、社区和日常生活实际。"互动"和"以对话为基础的"学习材料的概念，促进了集体的知识建构，是该模式的一个关键特征。学习指南提供国家课程，并由语言、数学、科学、社会研究和伦理学等学科组成，并且可以适用全国各地不同的地区。学习指南遵循三部分的学习结构：探索与发现、实践和应用。

学习指南是教科书、工作簿和教师规划指南的混合体。同时，学习指南

---

❶ Colbert，Vazquez（2010a 和 2010b）以及 Mogollon 和 Solano（2011）对学生指南的描述以及教师培训部分进行了总结。

可重复使用，可完整的传递给后面的学生群体以节约成本。反过来，教师还能花更多的时间给个人和群体反馈，与学生互动，对任务提供建议和指导，并确认每位学生的学习进度，为学生学习提供最好的支持（Colbert & Arboleda, 2016）。

例如，国家课程中科学领域中与水有关的一份学习指南针对特定的目标设计，如了解水是怎么变脏的，为什么脏水具有危险性，并学习让水保持干净的方法，以及如何正确储存水。学习指南为儿童单独、成对和以小组为单位开展活动都提供了具体的每一步的教学指导，并通过其独特的方法论结构串起来。儿童被赋予了权利，教师则更多作为学习促进者，儿童通过对话和互动进行学习。如果老师决定让所有的小组都在同一门课上学习，那么就要根据不同年级和不同单元的学生各自的学习指南开展不同水平的工作。教师可设置一个更灵活的教学计划，也可以让孩子们按照教学计划在不同的科目中开展相应的学习。这取决于教师希望如何最好地管理不同水平的课堂教学。如果没有学习指南，就很难引入灵活性。学习指南将课程模块化了，具有很强的灵活性。

学习指南与传统教科书的不同在于，后者给学生提供了问题和信息，而指南则通过学生找到答案的过程手把手地一步步地指导学生学习。指南的目的是发现定义、概念，而传统教科书一开始就给学生呈现了定义和概念，学生处于被动接受状态。学习指南的思想是通过积极的教学方法让学生使用如指南之类的教学材料获得定义和概念，而不仅仅是学生记住定义和概念。

互动型的自学指南作为一种教育资源，按照单元组织，对教师和学生开放。他们使用策略让学生在学习过程中发挥积极作用。他们将传统的课程内容与学生作业及教师的计划结合起来，促进了学生、老师、图书馆图书、周边资源（学校内外）及社区知识储备之间的互动——从而帮助学生为现实生活做好准备。

指南是根据各国的国家课程开发的，考虑了各国根据国家教育目标和国家政策制定的学习目标，以及期望发展的能力，是对一个国家认为学生应该学习什么，以及如何在现实生活中使用他们在学校学到的东西这样一个具体、简单和相关的请求的响应。新学校模式应用积极的教学模式成为各国教育目标的促进者。学习指南设计的工具让学生能够对课程进行管理。这些指南的重要性在于，它们将学科主题、能力和预期活动融入教学过程，还包含持续评估、价值观和态度的发展等，增强了与课程的关系。指南中提倡的规范、行为和价值观增强了学生的平等意识和责任感。一旦这些原则被学生们内化了，他们就能够理解学习过程。

要使用这些学习指南，学生们必须学会阅读和理解、创建文本、参与对话、倾听并遵循指令。如果学生不是积极的阅读者，使用指南也不会有任何不同。使用指南的学生还需要接受小组合作的培训。教师在促进协作的同时，不要忘记每个学生都是按照自己的节奏学习的。培训的一部分内容包括在必要的情况下，学会根据儿童的需求调整指南。

学习指南的一个目标是在学生使用学习指南时，能够创造一种情境，将有助于自尊、尊重、宽容和自信的培养模式化。所有这些都发生在对孩子们来说安全的环境中，他们允许出错、改正错误、检查、重新阅读和重新书写，没有负面反馈。指南本身也加强了积极的自我概念，因为学生有老师的陪伴，老师引导他们自信、积极、成功地学习，从一个步骤到下一个步骤、从一个指南到下一个指南，并从一个单元到下一个单元。

5. 增加完成任务的时间（教学互动）

新学校模式的一个重要特点是增加了课堂实际的教学时间。管理实践，如维持课堂秩序、点名和其他课堂管理和管理任务，实际上已经被取代，但花在这些活动上的时间最少。❶ 与上海的情况相似，新学校模式有效地减少了花在这些活动上的时间，而将更多时间专注于真实的教学和学习上。专栏 I（Velez & Chi，2018）展示了新学校模式和上海教育体系之间相同之处和不同之处。世界上多数老师倾向于像压路机一样前行：以同样的速度向前直走，对所有学生采取同一种教学方法、要求所有学生做同一件事情（称为"灌输式"），与"关注个体差异"法对照也被称为"偶然随意"法，课堂上偶尔会出现一些自主学习和不同的学习节奏。

新学校模式的标准：所有学生能够学习，老师们确保应用不同的教学方法保障所有的学生的学习机会。在世界上很多地方，大多数的课堂情况正如印度观察者在考察过程中所提到的，教师们是知识的主要来源。在上海和新学校模式中，教师更多是作为学习的促进者，试图让每个人都能参与到学习过程中，这些高标准适用于所有学生，甚至是那些测试分数较低的学生。此外，新学校模式的方法可能是农村地区实际存在的复式学校问题的一个解决方案，见表9.5。

---

❶ 在新学校模式中，教师不点名，取而代之的是教室门口的月度考勤表，学生要在上面标记出自己哪天未出勤。

表 9.5　ESCUELA NUEVA 模式和上海教学体系中的共同点

维度	新学校模式（EN）	上海模式
教师和学生有清晰的目标	学生和教师指南清晰地指出，每个学科每节课的学习目标。教师清楚学生需要学习的内容	课程、学习材料和评估等都有清晰的学习目标标准。教师根据这些标准（与 EN 指南类似）设计详细的教学计划。教师清楚学生每年需要掌握的内容领域与技能方面
培训高水平的教师	教师学习圈或微中心是教师在职培训的一种后续策略，是教师培训策略的一部分，旨在促进 EN 教师之间的互动，相互学习如何更有效地教学。这是教师对教师的策略	专业发展在本质上是合作性的，专注于提升教学。采用课堂观察（依照日本的课程研究方法）是一种在课堂上实施最佳实践的方法
为有需要的学生提供优质教育	学生是学习环境的中心，考虑到学生们的学习方式各有差异，要采用不同的教学模式。矛盾的是，这些模式让教师有更多时间直接与落后的学生互动，并在过程中给出更多的反馈。主动学习方法是提高认知与非认知能力的关键	专注于提升学生的学习（正如 EN 以学生为中心），教师被特别地指示去处理那些学习困难的学生。如同 EN 课堂，课堂时间是确定的（几乎有一个脚本可以遵循），教师有更多的时间与学生在小组活动
定期和高质量的评估	形成性评估与持续性评估是 EN 的重要组成部分。每个学生在每个学习目标结束时对自己的学习进行自我评价，学生可以根据自己的节奏灵活地学习。教师为每个学生提供反馈，批准其进入下一个学习目标	每周 / 每两周地测试评价每个内容单元。学期中或学期末，常常在班级、学校、或地区层面对学生的成绩进行排名和比较，并告知学生、家长、以及教师。教师必须给每个学生布置家庭作业，并给予反馈
为课堂学习创造最大的机会	学生根据流程，自我报告每日出勤与课堂管理。因为一些教学活动不需要教师持续监督，所以有更多的教学互动，教师能够关注有更多需要的学生，如上所述。这与中美洲所应用的典型传统灌输式教学方法完全不同	根据教师教学国际调查（TALIS）研究，与其他经合组织国家相比，在上海，教师用更多的时间与学生进行教学互动。另外，教师用更少的时间维护课堂秩序。在课堂上，86% 的时间用于教学，经合组织国家的平均比例是 79%

来源：Liang，Kidwai，& Zhang，2016；Chi，Colbert，& Velez，2017.

6. 教师培训

一个支持系统应该从培养强有力的教师队伍开始。教师需要支持才能把工作做好，而其中一个特点就是对其进行良好的培训。其关键是确保教师有正确的技能管理教与学的有关要素。上海和新学校模式一个相似点就是以知识为基础的开放政策。新教师需要支持，而教育部门的所有利益相关者的作用就是提供帮助。教师心理状态的不断改善对于专业的发展活动是必不可少的。至少，国家应倡导这样的理念，教师同行、校长和监督者提供支持，教师也必须习惯被观察和批评并接受反馈，以改善教学实践。只有教师有这种心态，教学活动与基于课程和教材的明确的学习目标才能一致。

莫格罗和索拉诺（Mogollón & Solano，2011）表示，他们相信要将一所传统学校变成一所采用积极教学方法的学校需要教师。但不幸的是，教师培训机构并没有培养出这样的教师。因此，新学校模式包含了一个项目来培训教师如何使用新的教学工具和方法。教师需要通过改变思维模式来改变教学方法。莫格罗曾说过，有必要重新设计教师培训课程，这是传统的课堂座谈和教学理论与实践讲座无法做到的。有必要开展面对面的研讨会、教师学习圈（或微中心）讨论、观察旅行和持续的教学支持。培训强调教师的团队合作能力，包括在协作和共同参与下进行规划、决策、反思和创造的能力（Colbert & Vazquez，2010a 和 2010b）。这些对提高学生的学习十分重要。

新学校项目培训战略的主要原则是基于实践和经验的培训，其中态度转变是一个重要组成部分。教师们接受的培训方法与他们将通过实践和体验性工作坊应用于学生的方法类似。他们相互交流相互支持，通过教师的学习圈，也称为微中心来推动积极的态度转变。

这意味着教师：① 体验希望提升学生的类似的主动方法；② 对自己的教学实践进行反思；③ 相互学习和协作；④ 在他们的职业中获得动力和积极的态度。这些原则被具体化为以下三种操作策略。

（1）建立示范学校，作为直观形象，允许直接观察创新并促进态度的转变。示范学校可通过老师之间、学生之间、社区之间的相互接触，激发需求，并为创新的横向扩散提供经验参考。

（2）设计一套教师培训课程，通过循序渐进的步骤和体验式的参与工作坊协助推进教学创新。培训包括学习如何使用新学校模式的组成部分及要素，将理论与实践联系起来。该课程通过教师手册和学习指南予以实施，手册以单元形式组织，学习指南遵循与儿童学习指南类似的方法，确保教师能够接触到类似于他们将与学生一起使用的方法。

（3）建立当地教师学习圈子或微中心，形成点对点的支持机制。该微中心定期组织教师们一起讨论实施和解决问题的进展情况。这些聚会促进了他们对教学实践的反思并与教师培训机构形成双向互动的关系。他们促进了对未来下一阶段的全面认知，使远程教育机构能够支持教师的持续发展。

在教师培训部分，受训教师要学习在教室和社区使用和应用新学校模式的课程要素，并在需要时根据儿童水平和当地环境调整学生指南。其主要目的是让老师胜任对学习过程的引导、确定方向并评估他们的角色和作用，避免其在日常指导中浪费时间。他们通过当地服务和可复制的工作坊接受培训，这些工作坊采用的方法与他们随后将要应用于学生的方法类似。工作坊会偏向实践而不是专注于理论。

教学方法的改变需要态度的改变，形成期待的态度的关键是小组讨论，以激励教师改变并强化他们的承诺。这些小组讨论的经验同样可以帮助教师在他们自己的课堂上组织小组讨论。这个教师培训的方法如果是基于坚信如果教师实施的课堂教学过程中孩子们的学习是以积极参与和发现为导向，与社区相联系，合作和创新的，那么培训教师的过程必须有类似的特点。

这些工作坊使用教师培训手册来组织，培训手册的设计让教师把他们在培训工作坊所学到的同样的积极学习过程；也应用到与孩子们的一起工作中。手册设计特点让培训很容易复制。培训策略也建立了允许孩子们、教师、社区和行政人员渐进式创新和态度上相应改变的顺序。此外，培训和实施是相互关联的，培训内容包含了学习如何实施计划。因此，培训过程中的每一个组成部分都有其促进复制的有效工具。

在培训的第一阶段，一周的"入门工作坊"，教师通过组织一个适合儿童的学习环境建立学校和社区之间的联系聚焦于实际的实施。教师新学校手册对工作坊的过程和内容进行了系统总结。工作坊的目标包括以下三方面：① 培养使学校适应有效利用小团体进行合作学习和活动中心的能力；② 动员社区的人力、物力资源改善学校；③ 了解如何组织学校管理以促进孩子们的社会情感发展。培训手册为每个目标设计了一个单元。这些单元由各种不同的特定目标组成，这些目标是遵循与孩子们使用的方法类似的学习指南制定的。通过这种方式，教师就可以用自己主动学习的实践和实验来习得他应教给学生的学习过程。

考虑到该计划鼓励学校和社区之间建立相互促进的关系，教师应在对学校进行改革前为社区成员的创新创造一个良好的环境。同样，也鼓励教师激发孩子和父母增加对他们乡村社区、历史，以及其在当地环境所处位置的了解。

第二阶段强调学科知识，教师学习使用和改编儿童学习指南和材料。第二场工作坊名为"学习指南的学习和适应"，从学校组织并且通知社区后就开始了。在工作坊，教师研究学生的材料，学会正确使用它们并将其和国家课程连接起来。该学习指南的开放性使地方创新具有灵活性。这意味着教师能够引入与当地环境相联系的活动，使课程更有相关性。该工作坊的目的是为提供机会，规划灵活使用课堂教学单元并使其适应当地环境和孩子们的需求。

第三阶段是加强教师阅读和写作教学方法与实践。这个被称作"阅读和写作"的工作坊的设计是为乡村教师在对待一年级学生在阅读与写作学习方面的明显不足而设计的。这个活动对项目实施非常重要，因为学习指南的应用要求孩子能够充分地阅读和写作。

第一次工作坊就鼓励教师组成学习圈或微中心并作为一系列策略的重要组成部分。鼓励教师定期聚到一起反思自己的工作，并与其他教师互动，共同解决问题。因为大多数学校都有 1~2 个教师，微中心把几个学校的老师聚集到一个方便的位置，通常是其中一个学校。在理想情况下，这些聚会应为每月一次。然而，距离远和成本高使这样的实践活动不能如期举行。

7. 定期评估 / 测试

所有利益相关者都需要确定学生学习的成就，最可行的办法就是形成性评估和持续性评估，这是新学校模式的关键组成部分。每节学习课程都有清晰的学习目标，在每节课程结束时，每个学生都要对自己的学习进行自我评价（学生可以根据自己的进度灵活地学习）。教师向每个学生提供反馈情况并批准其转向下一个学习目标。同样，在上海也有每周 / 双周主题测验对每一单元内容进行评估。在期中 / 期末考试后，学生成绩经常会以在班级、学校或地区层面进行排名或比较，并告知学生、家长和教师。在这两种情况下，教师都必须给每个学生布置作业并给予反馈。这样一来学生可以清楚地看到他们所取得的进步和需要改进的地方。

　　公正地讲，新学校模式是整合了上述课程、管理、社区和教师培训策略的基础教育体系。表9.6比较了传统教育和新学校模式的原则和实践的关键要素。（Colbert & Arboleda，2016）

表 9.6　传统教育和新学校模式的原则和实践的关键要素

特征	传统学校	新学校模式
教学	直接讲授	激发以学生为中心的学习
学习	记忆	接收—理解
学生参与	被动	主动
课堂组成	分排坐	分小组坐
内容	超负荷的信息	过程导向，并与孩子们的日常生活相联系
书本和教材	不足	大量学习指南
学习环境	仅限课堂	课堂、学校和社区
学校与社区的联系	弱关联	强关联
学期与课程安排	刻板	灵活
评价	基于记忆的临时总结	基于形成的持续定性能力

　　对体验式教师培训无论怎样强调都不为过。强调教师培训重要性这部分工作要归功于科尔伯特与阿博莱达的工作（Colbert & Arboleda，2016）。

　　就像之前提到的，教师培训对于成功实施新学校模式至关重要。它需要改变教师在师范院校形成的以教师为中心的思维模式。布伦斯（Bruns）和卢克（Luque）在2015年总结了拉丁美洲的教师培训项目的问题，这些问题并不局限于拉丁美洲，其他地方也存在。主要问题有（Colbert & Arboleda，2016）：

① 过多地强调理论，而没有实践。② 课堂教学方法（主动、参与式的学习）与教师培训用的方法相矛盾。教师被期望在自己不参与主动学习过程的情况下促进学生主动、参与式的学习。③ 学生的学习材料、教学方法与实际教师培训之间缺乏连贯性。④ 接受过良好培训的教师的经验和知识很少传授给缺乏经验的教师，并让他们受益。⑤ 利用示范学校作为直接观察地点的潜在优势没有得到充分利用。⑥ 教育行政部门对培训与教学过程参与有限，这也限制了他们对创新的支持。⑦ 在职培训难以采用成本效益高的培训策略，因为他们必须弥补职前教育的不足。⑧ 难以将培训与后续行动联系起来。如果没有与课堂实践相联系的循序渐进的策略，在职培训效果就会比较差。

为了纠正这些问题，新学校模式发展的内容应运而生，可为教师提供有效培训，让他们能够在课堂上实施积极的教学实践。表 9.7 展示了传统教师培训项目与新学校模式中教师培训项目的比较。

表 9.7　传统教师培训项目与新学校模式教师培训项目的比较

特征	传统策略	新学校模式策略
方法	只有理论，缺乏实践	专注实践，学会应用
学习	直接的，讲授为主，研讨会	体验式的，观摩示范学校
材料	一般的阅读文件	详细的指南，与学生学习指南的方法类似
改变取向	知识与认知结果	认知结果，实践与态度的改变
整合	只关注教师	整合教师培训、课堂教学方法与学生的材料
时间框架	一次性的课程	随时间推移的多个步骤
教师经验的使用	专家知识；教师经验应用不足	点对点；有经验教师的作用
合作	个体学习	合作学习
跟进	无跟进；缺少反馈和反思	教师间的学习循环；学习的反思
可复制性	依赖专家的知识	系统总结易于应用的特定工具

为了完整地描述新学校模式，强调它对四个主要利益相关者的总体目标，希望提高学生、教师、管理人员和社区成员的态度和能力（Colbert，Chiappe & Arboleda，1993；Colbert & Arboleda，2016），包括以下内容。

（1）对于学生，该系统旨在促进一种积极的、反思的和参与式的学习过程；将所学知识应用于新情况的能力；改进的自我意识；合作和民主的态度；一套语言、数学、科学和社会研究的基本技巧。这些态度和技能是在儿童权利的视角下形成的。

（2）对于教师，新学校模式促进了他们作为学习的引导者和促进者而不仅仅是事实陈述者的角色转变，并在周边社区发挥积极作用。它培养了对农村环境中的工作，以及对管理者和咨询者的一种更加积极的态度。它促进了复式教学能力和系统教学技术的发展。新学校模式旨在促进与教师之间指导和合作关系的建立，而非死板的控制关系，并通过行动研究鼓励专业发展。

（3）对于管理机构行政人员，也就是监督者、学校的领导或校长，他们的角色被认为是引导而不是控制。因此，行政人员必须将教学实践与其行政职能相结合，他们才可以为教师提供资源与技术支持。行政人员的角色转变是教师继续创新的有力动力，因为他向教师传达了这样一种信息，即该模式提出的新做法得到了教育当局的充分认可。

（4）对于社区，该模式促进教师、儿童及当地社区之间建立新的合作关系。新学校模式为家长、亲属和社区最大限度地提供参与学校活动的机会，确保他们的文化在学校日常活动中得到充分的重视，他们也有更大的机会为学校做出重要贡献。家长经常通过给学生讲授不同的主题来参与，如农业实践、村庄历史等。

　　根据教育研究结果组织复式教学学校需要很大程度的创新（Little，2006）。复式教学学校迫切需要改变传统教学方法，实施以儿童为中心的学习过程。农村学生普遍处于劣势，需要个性化的关注和更大的灵活性。同时，负责多个年级的教师因为学生学习速度不同，课堂异质性高，要面临这些挑战。通常，他们需要以下方法和工具的支持，如组织小组活动、引入合作学习及制定灵活、量身定制的策略。但是，这些教学策略需要为自主学习和合作工作设计专门的工具和开展专门的培训。

　　新学校模式所寻求的目标与之前描述的统一学校的相同，但是引入了应对多样性问题的操作性对策，包括水平的多样性、年龄的异质性、不同的学习进度，以及农村儿童的生活条件等问题。这些方法在设计的时候考虑了技术、政治和经济可行性的重要性。因此，新学校模式通过专门设计的自主学习和团队合作材料，以及特殊的教师培训策略，在学生中引入了个性化和协作性的工作策略。

　　在世界上许多国家，政策制定者和教育规划者没有重视复式班学校。虽然相比完整的学校和城市学校，这些学校有很大的不同，但是并没有为它们制定不同的政策。新学校模式试图解决这个长期存在的问题。就像利特尔（Little，2006）提到的，"那些设计、赞助和管理国家学校系统、教师培训体系以及开发课程、教材、咨询系统的人，忽视了这个问题"。

　　新学校模式的原则是建立在 20 世纪 90 年代的教学趋势的基础上，并受到德克雷利、杜威、蒙台梭利、皮亚杰、维果斯基等教育家的启发。但该模式的设计者能够将这些原则用于实践策略中，将经济资源最不利的学校转变成积极、参与及合作的学习环境。虽然大多数国家的一些精英学校更早地采纳了其中一些原则，但低收入地区的学校却没有采纳。新学校模式的创新之处在于它让低收入家庭的学生从可用的教学知识中获益。这是哥伦比亚创新的一个重要特点。

（三）新学校模式效益

从 20 世纪 80 年代开始，相关和准实验的研究表明新学校模式获得了成功。最近，更多的影响评估研究证实了这些发现。归功于新学校模式，到 20 世纪 90 年代末，哥伦比亚农村学校的学生表现超过了城市学校（不包括大城市），并且一直比没参与新学校模式的学生表现更好。总体上，新学校模式改善了内部效率指标与外部效率指标（本节包括该部分内容）。最重要的是，自 20 世纪 80 年代以来，来自国家和国际组织的不同研究表明，新学校模式明显提高了认知和非认知结果。

该模式的第一项评估是由 SER 研究所（Instituto Ser de Investigación）实施的，旨在确定三年级和五年级学生在数学和西班牙语方面的认知水平，以及评估自尊、创造力和公民行为改善等非认知水平。这项研究为该模式的进展提供了最佳实证分析（Rojas & Castillo，1988；Psacharopoulos，Rojas & Velez，1993；McEwen，1998）。结果表明，新学校模式的学生的平均成绩优于传统学校的学生。尽管差异不是很大，但三年级学生在数学和语言方面的表现明显更好，五年级学生在语言方面的表现也明显更好，并在社会自尊和公民行为方面也有显著差异。当对通常影响教育结果的因素进行标准化时，这些结果成立。在控制社会人口统计特征时，新学校模式的影响会略微降低但保持不变。新学校模式对数学、西班牙语和公民行为的学习成果具有显著影响，它对自尊和创造力也产生了积极影响。麦克尤恩（McEwan，1998）几年后使用了更精确的模型，其中包括新学校模式的实施强度，并用不同的样本验证了这些研究发现。具体来说，在确定了几个学生和学校的特征后，研究发现新学校模式的三年级学生的西班牙语和数学成绩分别高出 0.26~0.45 个标准差。表 9.8 列出了新学校模式对成绩（西班牙语和数学）的影响。

表 9.8　两项研究中新学校模式对成绩的影响比较

年级和科目	新学校模式虚拟变量的回归系数	
	麦克尤恩（McEwan）	萨卡罗普洛斯（Psacharopoulos）等
三年级西班牙语	3.82***	3.71***
三年级数学	4.98***	3.11***
五年级西班牙语	2.35**	1.95***
五年级数学	− 0.05	0.54

注：第一栏中的系数来自麦克尤恩（McEwan，1998）；第二栏来自萨卡罗波洛斯 (Psacharopoulos 等，1993)。每项研究中的因变量是语言和数学测试成绩，均值为 50，标准差为 10。
统计显著性：*** 1%；* 10%。❶

新学校模式还向儿童教授公民价值观、和平共处和民主行为。实际上，合作学习可以在早期促进民主行为和和平共处的变化，可以减少偏见和攻击行为，促进对不同观点的理解，增强自尊，鼓励团结、宽容并接受差异（Johnson & Roger，1989）。采用同伴互助和小组协作学习提高了学生获得宽容、信任和公民行为相关的价值的可能性。同样，在哥伦比亚，一项研究比较了新学校

❶ 同一项评估研究显示，以成人教育（35.6% 对 28.1%）、农业推广（35% 对 15.8%）、体育比赛（54.6% 对 42.5%）、健康运动（82.9% 对 56.7%）和社区庆祝活动（88.5% 对 83.3%）等活动衡量，新学校模式的学校参与度明显更高。样本中大约一半的学校没有学生会，所以没有被纳入研究。

模式实施程度不同的学校间的学生良好互动的替代措施（Forero-Pineda et al., 2006），并发现即使在确定了其他学生和学校变量之后，实施指数在一定程度上对孩子们的良好互动产生积极作用。该研究强调了新学校模式在儿童中形成合作民主行为方面比传统学校更具优势。皮特（Pitt，2003）发现新学校模式对公民教育有效。

在危地马拉有类似的研究发现。研究表明，与联合国教科文传统的统一学校相比，新统一学校（改编自新学校模式）的学生之间会有更多的积极反馈和更少的负面反馈。显然，新学校模式学生在课堂上轮流和引领过程的频率更高，且平等、人际效能、团结和男女生的参与式领导等民主行为的发生率更高（De Baessa et al., 2002）。

教科文组织与拉丁美洲教育质量评估实验室（LLECE）于1997年实施的第一次区域比较和探索性研究，首次提供了拉丁美洲和加勒比地区学龄儿童学习成绩的可比数据。在这段时间，该模式作为国家政策得到了全面支持，该研究发现哥伦比亚农村学校取得了最好的学习成绩。事实上，哥伦比亚的农村学校的表现优于城市学校（仅在拉丁美洲），很可能是由于当时新学校模式已经覆盖了农村学校，见图9.3。最为相关的成就是低收入家庭学生的学业成绩比传统学校学生的成绩更好，从而弥补了学生的社会经济制约因素。

同一研究表明，除古巴外，哥伦比亚农村学校在数学方面的表现优于本区域所有其他国家。这是一项巨大的成就，见图9.4。

一项基于哥伦比亚国家评估结果中的学校样本的研究表明，在新学校模式基金会实施新学校模式两年后，新学校学生的语言水平提高了40%，数学提高了69%。父母参与家庭教育的可能性随着新学校模式实施水平的提高而增加。

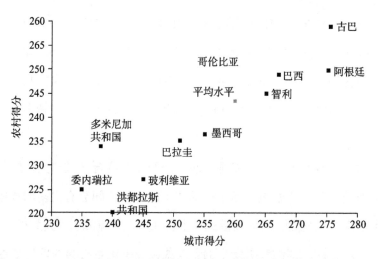

图 9.3　哥伦比亚的农村学校比城市学校的成绩更好

资料来源：教科文组织：1999 年第一次国际教育质量比较研究。

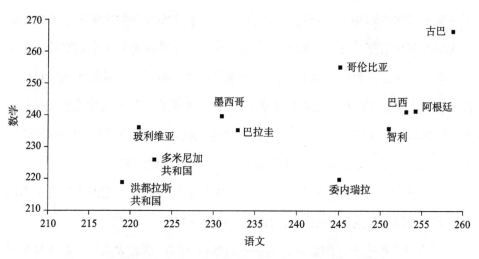

图 9.4　农村学生的数学和语言成绩（除古巴外，哥伦比亚做得最好）

资料来源：教科文组织 1999 年第一次国际教育质量比较研究。

许多使用国家评估结果的研究表明，当这种模式得到很好应用时，新学校会使学生变得更好（ICFES，2011）。同样，利用联合国教科文组织在该地区开展的拉丁美洲研究（UNESCO，2005），当应用新学校学习圈时，它帮助教师分享最佳实践、开展合作、解决问题并促进态度的积极转变。小学教育结束时的学生语言和数学成绩比没有应用该模式的学校高出 13.9~17.3 分，学生的自尊也提高了 18.5 分。

在危地马拉，新学校模式实验学校的学生相互之间会有更多的积极反馈，轮流和引领过程的频率高于传统学校。女孩的表现也优于男孩（De Baessa，Chesterfield，Ramos，2002）

尼加拉瓜、危地马拉和菲律宾等地农村地区的复式教育模式（Juarez，Associates，2003）研究表明，女孩在提高完成率和领导技能方面比男孩受益更多。

越南实施的新学校模式（VNEN）项目整合并融合了多项创新和全球认可的新学校实践，包括以下 6 方面：① 参与式与协作式学习；② 自主学习指南；③ 学生会；④ 形成性评估；⑤ 与社区融合的以应用或实践为主的学习；⑥ 教师专业网络。这些要素的结合旨在激发变革性和强大的学习体验，培养所期望的 21 世纪儿童的各种新技能和能力。最近的一项影响评估研究（Parandekar，2017）发现，采用 VNEN 模式的三年级和五年级学生在非认知和认知技能方面的表现明显优于常规教育模式的学生。

总之，对相关性研究和唯一的随机试验的回顾表明，新学校模式改善了认知和非认知结果（学生学业成绩、自尊和公民行为），并培养了更优秀的学生。

尽管这一模式已经取得了这些成果，新学校模式基金会花了 10 多年时间才成为一个正式的教育部项目。最初的活动是为儿童和教师设计学习材料，在地方和区域层面设立一个试点项目，确保其有测量指标和实证结果，创建、组织和设立第一个新学校国家性团队，说服国家教育部内决策部门和决策者支持它，寻求政治和财政支持。所有之前与强化项目有关的活动都有助于形成国家和地方层面的政治意愿，对新学校模式从项目转向国家方案并最后发展为国家普及初等教育的国家战略至关重要。

国家规划部门和地方行政部门对推广新学校模式的作用非常重要。在权力下放的影响下，新学校模式的实施不再是国家的责任，它已成为一个由地方政府确定的地区性的实施项目。此外，地方当局还将确定是否提供财政投入的支持。目前，尽管新学校模式的许多特征已经在全国制度化，但它在一些地区获得的支持仍然在很大程度上取决于当地政府的决策。虽然从地方私营组织获得的支持对于试点和地方区域方案的制定和实施也很重要，但要在国家层面大规模实施，它们的作用有限。尽管得到了国际组织或机构（美国国际开发署、美洲开发银行、联合国儿童基金会和世界银行）的支持，该模式在一些地区得到了推广，但在某些地区已经在弱化。因此，为了提高覆盖面和质量，公共部门的领导作用至关重要。在其他国家，如越南，它正在整个国家公共部门的支持下得到加强。

获得当局的承诺和财政支持是执行实施该模式的必要条件。最初的项目显得神秘，持续了好几年，得到了中央和地方当局政策的极力支持。监测和评估的信息构成反馈机制，以便在需要时进行校正。扩大规模是在这样一种学习过程的支持下逐步完成的。知识的建构和行动之间有明确的关联，该示范模式在全国不同地区运作良好。在实施的最佳阶段，同一位国家协调员领导了这一进程近十年。研究人员、规划人员、管理人员和农村教师都是团队的一员。这是一个跨学科的团队。在模式推广期间，核心团队保持团结并转任领导职位。最后，监督人员发挥了教学指导的作用，使课堂教学创新合法化（Colbert & Arboleda & Chiappe，1991）。

当其中一部分特征消失时，直到现在，该模式已经在不同层面得以实施。那些持续采用新学校模式的部门或地区的农村学校的表现持续优于城市学校。

在国际上，新学校模式基金会设计并让其国际战略系统化，以便在国家层面建立政治意愿和完成能力建设，并促进项目的实施和扩大适用范围。它致力于通过重新思考学习方式，以及促进以学习者为中心的积极、合作和个性化学习方式，为教育的质量、相关性和效率做出贡献。随着新学校模式在国际层面的发展，新学校战略列出了几个阶段和活动描述，包括试点项目的实施、地方文化的适应及其逐步扩展。它设计了一个国际原型工具包，其中包含学习指南和教师手册的样本，以便在各自国家或地区不同层面予以实施。这一模式已经加以调整以满足服务欠缺的不同背景和环境（农村复式班）的全球需求（农村多年级、农村单年级、城市、新人口和非正规环境等）。

迄今为止，最严格的影响评估研究是与越南新学校模式实施相关的最新研究。根据一项随机影响评估研究，新学校模式的学生在非认知和认知技能方面的成绩明显优于常规教育系统（Parandekar et al，2016）。该研究报告称，VNEN 项目对认知和非认知成就产生了积极影响，这一发现得到了所有利益相关方的认可和公布。该研究使用严格的影响评估程序报告了积极影响的结果，该程序对一组 3~5 年级的学生进行了跟踪。在一段时间内，跟踪的几乎所有教育计划都显示出儿童认知和非认知能力的提升。本研究将 VNEN 项目中学生与对照组的提升进行了比较，以了解学生成长的差异。

认知成就提高了，对数学的影响比越南语更显著。但从短期来看，采用新学校模式的学校在这两个学科上都有重大影响，未实施干预的学校似乎随着时间的推移慢慢赶上干预学校。根据一项随机影响评估研究，新学校模式的学生在非认知和认知技能方面的成绩明显优于常规教育系统（Parandekar et al.，2017）。他们从四个方面衡量非认知能力——人际、社会、伦理和沟通，见图9.5。每个学生的分数都是根据三年内关于儿童能力增长的父母报告得出的。对于每个单项能力和非认知技能的综合测量，新学校学生的表现优于对照组学生，效果非常明显，在某些情况下超过一个标准差的三分之一。对于非认知和认知能力的一个有趣发现是，女孩的平均表现比男孩好。

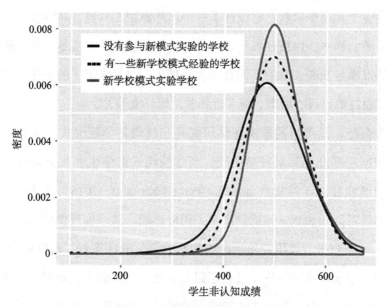

图9.5 按学校类型划分的非认知评分

资料来源：Parandekar et al.，2016.

另一个重要的发现是，除了成绩的影响外，同一研究还表明新学校模式似乎具有成本效益，粗略计算为每名学生每年约 40 美元的成本，相比每年按平均购买力（PPP）计算的小学教育学生 1000 美元的花费，更具有合理的成本收益。

到目前为止，研究展示了农村地区和小学教育的新学校模式的成功案例，但该模式也可以在城市地区和中学实施。正如新学校模式基金会 1987 年在美洲基金会的支持下，开始对城市地区的新学校模式进行改造，并将其命名为"活跃的城市学校"（Escuela Activa Urbana，EAU）。

新学校模式基金会在 20 世纪 80 年代末和 90 年代初期在波哥大和麦德林开展了这项新计划的首次城市体验，并得到了城市和私营部门教育部长的支持。1998 年，新学校模式基金会应邀在波哥大的 20 所低收入且学业成绩最低的学校实施 EAU 计划。在实施 EAU 两年后，由哥伦比亚大学领衔的一项独立评估研究证实，语言技能基本能力提高了 40%，数学能力提高了 69%。

受公立大学评估研究证明的新学校模式积极结果的影响，新学校模式基金会与马尼萨莱斯市的教育行政当局和卢克基金会建立了合作伙伴关系，在该市开始开展试点工作。新学校模式基金会组织了对波哥大的考察，介绍了 EAU 的经验和访问计划的地点，并为卢克基金会提供技术援助，帮助他们在马尼萨莱斯启动该计划。

这里研究者希望通过由卢克基金会和哥伦比亚地区萨莱斯市的公私合作项目来介绍新学校模式在中学教育中的应用案例，该项目覆盖了该市约 40% 的城市公立学校。普里尔、巴拉雷—奥所里奥和科特来兹（Puryear, Barrera-Osorio, Cortelezzi et al., 2016）对城市活跃学校的研究介绍了项目经验并得出结论。该计划完全基于新学校模式❶，旨在实现以下目标：① 课堂管理。"用积极的教学模式取代传统的教育模式，鼓励课堂内的参与，民主、宽容、尊重、解决冲突和问题、合作、协作、团队合作、领导力及激发学生在学习过程中的动力。"② 制度管理。"让学校明确阐述他们的制度观点，澄清目标、愿景和使命，重新制定机构教育项目，设计和执行学习和改进计划。"③ 环境管理。"鼓励社区参与，通过努力整合学校和社区，与家长合作，寻求他们积极参与学校进程和对孩子的社会情感支持。"

该研究结论表明，强调非认知技能的 EAU 模式的学校学生仍然比其他公立学校学生学得更多。在认知层面，标准化测试表明，EAU 学校在语言、数学和自然科学方面成绩总体上高于马尼萨莱斯的非 EAU 学校和哥伦比亚公立学校，但低于私立学校。事实上，尽管有优势，但 EAU 学生的学习水平并未达到国内或国际认可的水平。但需要强调的是，与传统的公立中学相比，他们要好得多。

在非认知层面，几乎所有被咨询的行动者都强调了 EAU 模式在学生的情感发展和社交技能提升方面的益处。该方案被视为是在微观层面建立和加强社交的工具，许多人甚至认为它是教育的未来。他们经常强调诸如"协作学习""共存""通过团队合作发展责任""自治"和"培养领导力"等概念。一位 EAU 校长提出了一个更为普遍的概念：EAU 是"将社会融入学校里"的典范。

2012 年，国际学生评估计划（PISA）的结果证实了这些发现，在参加的来自世界各地的 65 个国家中，哥伦比亚成绩最差，其数学成绩仅高于卡塔尔、印度尼西亚和秘鲁，见表 9.8。当年，世界各地的许多城市都参加了 PISA，包括

---

❶ 20 世纪 80 年代新学校模式基金会调整了该模式以适应城市环境（城市活力学校，EAU）。

哥伦比亚的波哥大、卡利、麦德林和马尼萨莱斯，见表9.9。有趣的是，马尼萨莱斯的得分高于其他三个哥伦比亚城市，也高于巴西的圣保罗、米纳斯吉拉斯和里约热内卢。EAU学校的得分明显高于其他公立学校，几乎与私立学校相同。为什么马尼萨莱斯比其他哥伦比亚城市成绩更好？为什么马尼萨莱斯EAU学校的得分比其他公立学校好？虽然这项工作没有确定任何一个可能的影响因素，但它认为EAU项目起到了作用。

表 9.9　2012 年马尼萨莱斯按科目、地理区域和学校类型划分的 PISA 分数

城市	数学	阅读	自然科学
波哥大	393	422	411
马尼萨莱斯公立学校	404	431	429
马尼萨莱斯私立学校	464	476	477
没有实施 EAU 的马尼萨莱斯公立学校	386	420	413
实施 EAU 的马尼萨莱斯公立学校	395	430	425
麦德林	393	423	418
卡利	379	408	402
其他国家	372	398	395
哥伦比亚	376	403	399

资料来源：2012 年 PISA。

（四）实施中的挑战

实践证明新学校模式可以提高教育质量。来自世界各地的研究表明，新学校模式提高了学校层面的内部效率，以及学生在学术和软技能方面的学习水平。

此外，新学校模式不仅能够为教师提供相应的教学模式从而满足课堂上不同的学习需求，而且还能促进不同利益相关者（教师、管理人员、家长和社区）进行必要的协作，为学生学习创造更好的环境。

新学校模式的成效如此显著，从理论上来说应会引起教育管理者的注意，将其作为改善教育教学效果的措施之一，并深入推进该模式的实施。然而，实践并非如此。政府没有充分挖掘新学校模式的潜在优势。尽管其中的一些特征和组成成分已被纳入不同国家的教育计划，但实施完整模式的情况非常有限，只有一两个例外——而且只是在非常有限的时间内实施。为什么会这样？

与其他创新应用一样，新学校模式也面临着许多挑战。该模式不存在能够导致大多数项目失败的缺陷：设计不佳。新学校模式受到大多数教育创新的一般影响因素阻碍及其自身因素的挑战。下面先介绍一般因素，然后更具体地介绍新学校模式自身方面的挑战。

阻碍教育创新的一般因素如下。

（1）在世界各地，教育创新容易受到政治因素和政府管理者不断更换的影响。这个问题在拉丁美洲尤为严重，该地区许多国家教育部长的任期一般都很短；一些国家的平均任期约为一年，而新部长通常会带来新的员工和想法，即使在同一届政府内也会质疑或取消其前任的努力。

（2）在许多国家，当新举措成功施行时，由于总被期望收到立竿见影的成果，而政策成果很少与政治任期吻合，所以很难实现。

（3）最终决定通常由政府的最高级别官员做出，但他们往往缺乏足够的信息进行判断，部分原因是信息管理系统薄弱或缺乏以证据为依据的决策文化。

（4）关于教育改革的文献指出，要使变革成为可能，利益相关者必须了解现状中存在的问题。除非利益相关者认为需要改变，否则他们将不会尝试改进他们所拥有的东西。政策制定者、行政官员、教师和家长通常被认为是改革的重要利益相关者。

（5）阻碍教育创新的另一障碍是，政府官员更倾向于规避风险，并对失败的认识比对成功更为清醒。如果没有及时收到有关结果的反馈，比起具有风险的政策创新，他们更倾向安于现状。

新学校模式自身的特定因素如下。

（1）未全面落实执行。新学校模式的一个重要因素是教师培训，但在大多数国家并未完成整个教师培训周期，这无疑会影响教师的效能。新学校模式的另一个核心要素是学生的学习指南。目前存在的一种情况是，将指南分发给学生后，却没有对学生进行足够的培训，因而未得到正确使用。这些决定取决于省级或地方教育当局及其政治利益。例如，哥伦比亚的一项研究表明，该模式没有取得更好成果的一个原因是它没有被适当或完全的实施（Hammler，2018）。

（2）个体利益。在新学校模式中，传统教科书被用作参考资料，学生学习指南等学习材料可以重复使用。由于无须定期更换这些材料，教科书供应商可能会将新学校模式视为对其行业的威胁，并利用其对政治机构的影响来削弱对该模式的支持。

（3）有限的国家投资。大多数国家在外部合作机构（美国国际开发署、联合国儿童基金会、美洲开发银行、世界银行和英国国际发展部等）的鼓励和财政支持下，引入了新学校模式。在通常情况下，如果一些省市在得到国际援助的情况下实施该模式，当地政府就不会继续支持该项目，即使他们认可项目的成效。危地马拉的少数几个城市是实施新学校模式的最好试点之一，尽管显示出巨大潜力，但除去国际机构的支持，从未实现可持续性发展。

（4）管理薄弱。实施新学校模式需要各级行政部门的统筹能力，在许多国家，教育官僚机构（通常在地方一级）在技术和运营方面都很薄弱。

（5）教师流动率。在许多教育系统中，农村地区的教师呈现出很高的流动性，并经常会流动到新学校模式不太常见的城市地区。在这些情况下，离职教师可能会被未接受过新学校模式教学法培训的新教师所取代。

这一证据表明，政府仅仅将一项创新作为一项政策是不够的。就新学校模式而言，这里提出的影响因素可以解释为什么它没有以可持续的方式被采用，对拉丁美洲和加勒比海地区来说更是如此。然而，明确可以支持项目实施和可持续性的影响因素同样重要。例如，需要什么样的教师支持政策来保证农村地区充分实施新学校模式并减少教师流失？如何使新学校项目与政策制定者的当前优先事项和利益保持一致？

最后，另一个需要考虑的领域是民间组织和公私伙伴关系（PPP）的作用。例如，在哥伦比亚，PPP使该国在某些地区成功应用该模式30多年。几个省的咖啡种植者联合会、马尼萨莱斯的卢克基金会和新学校模式基金会等组织的支持和参与都说明了这一点。从这些典型案例中可以发现，实现新学校模式的高覆盖率，政府作为主要教育提供者的作用至关重要，但要确保长期可持续性并进一步提高质量，民间组织的参与和公私伙伴关系的作用也同样重要。

对于非拉丁美洲地区来说，最近对越南实施新学校模式的研究（Parandekar et al，2017），为这些国家为开展新学校模式实践提供了很好的可供学习和借鉴的经验。如前所述，利益相关者应该认识到只有变革才能改进教育系统的质量，否则他们不会做出努力改变现状。政策制定者、行政官员、教师和家长通常被认为是改革的重要利益相关者，但对实施改革至关重要的学校校长同样作为利益相关者，对实施改革至关重要，但却常常被遗忘。

上面提到的研究调查了越南的校长对变革的看法后发现，参与实施新学校模式的校长在应对教育系统所需的变革方面更有信心，指出了成功变革的途径。在处理教育模式的范式变革时，即便相信改革的必要性并且支持新的学校模式，但作为学校领导者的校长，仍可能怀疑自己是否有能力实施变革并收获预期的效果。对越南的研究调查了在学校教育活动的一系列决策上校长对其影响力的自我认知情况，这些活动包括但不限于使课程本土化或评估教师的表现，结果发现新学校模式的实施经验越多，校长越自信。同样，教师也对新学校模式有所理解及如何实施该模式更有信心。

实施新学校模式时，学校校长和教师这两个利益相关者都至关重要，例证如下。使用灌输式教学模式（Frontal Model）的教师具有下列特点：提供有效的课堂、维持纪律和秩序、努力让学生不犯错误、重复解释直到学生理解为止。相比之下，新教学模式下教师的特点则是强调学生探究、学生互助、学生自学，以及为学生组织有趣的活动。支持灌输式教学模式的教师对学习活动的重视程度不够。新教学模式的教师为学生提供了多种学习途径，并能科学利用探究和讨论，同时通过个人和小组合作的方式为学生提供练习和解决问题的机会。

这些行为和态度改变了课堂时间的使用方式，实施新学校模式的学校会安排更多时间进行小组合作学习，但个人学习的时间没有受到影响。相比之下，未实施新学校模式的学校在集体学习上花费的时间更多（典型的灌输式教学模式）。假设与集体学习相比，小组合作学习提高了认知参与度，那么越南新学校模式下的课堂则提高了教学效率，特别是让学生有更多机会发展和实践 21 世纪技能，如领导力、团队写作与合作学习、沟通和自我管理的学习。

然而，在课堂上难以实现的是，无法全部使用现实生活中的实体物件来使教育更接近现实生活，学校没有充分挖掘这些要素的潜在优势。即使将这些教具首次带入课堂时会带来很大的活力和刺激，但经过一段时间后，它们往往会失去新奇的价值及其教学实用性。并非所有教师都遵循教具的循环政策，而且教具的更新频率并不固定，因此无法保证一直使用新的刺激帮助学生参与探索与教具相关的对话或研究。例如，教师可以指导学生观察农场中使用的锄头类型，并将它们与课堂中的原型进行比较。除了具有不同的教学目标，教师也可以针对某堂课的具体教学目标，组织不同形式的活动，如社区地图。

另一项项目创新形式是学生会，学生会有助于发展学生的社会情感技能，并增进 21 世纪所需技能的价值。越南的新学校模式认为，社会情感技能包括合作、责任感及健全人格建设，最好通过实践经验完成建构。每个越南新学校模式下的课堂都有一个学生会，鼓励教师轮换学生在学生会中的角色，以便让更多学生有机会发挥作用。通过不同任务组织学生会中的各项活动，可以培养学生的组织技能，这是使教育与现实生活相结合的另一种方式。但研究也发现，一些学生会运行得相当好，而一些学生会的作用则有限。为了让学生会有效发挥作用，需要明确界定所有成员的角色和责任，以及教师和学生对绩效和改进的反馈。虽然只有少数教师全面实施了学生会的创新形式，但这一越南新学校模式的要素可有效地帮助儿童获得社会情感技能。尽管家长非常支持，但其参与学校和课堂活动的项目计划仅被偶尔采用。越南新学校模式很难实施的一项计划是家长密切参与学校活动。大多数实施新学校模式的越南学校位于郊区和农村地区，绝大多数家长是农民，且仅有少数人接受过中学以上的教育。然而，数据显示，家长对越南新学校模式本身的具体细节和实施新模式的学校中开展的相关活动均了如指掌。

了解越南新学校模式的家长都支持该计划。当询问家长参与课堂活动的作用时，两类家长群体——越南新学校模式家长和对照组家长，都给出了支持的意见。然而，家长的实际参与活动都是偶发的——越南新学校模式家长的参与情况和对照组家长的参与情况非常相似。数据表明，家长参与对实施新学校模式的学校儿童的社会情感技能产生了积极影响。然而，教育研究人员对社会情感技能的测量方法并未取得一致意见。事实上，鉴于越南有在全国实施新学校模式的可能性，因此本研究的建议之一是在越南发展该项目计划。根据家长对越南新学校模式项目计划三年发展过程中孩子行为发展的反馈，他们采用了一种看似合理的方法来达到这一目的。结果表明，参与越南新学校模式项目计划的学生比传统学校的学生做得更好。研究的一个重要发现是，在分布低端的越南新学校模式学生表现得更好，这些学生大多来自弱势群体，往往是教育决策者的特别关注点。

仅仅将儿童安排在小组中并为他们提供学习指南，并不能确保他们能充分参与和协作学习。虽然一些校长和教师到目前为止能够利用新学校模式提供的机会，但也有一些人似乎缺乏知识或开展工作的动力。但是，也不应该强制或指导所有学校生硬地遵守具体的实施方法。相反，可以建立反馈循环机制，鼓励那些实施新模式比较成功的人和学校发挥影响力和带头作用。

（五）结论

在当今世界，劳动力市场正在迅速且不断地发生变化，包括自动化在内的技术变革给那些试图为其公民提供有效就业所需技能的政府带来了新的严峻挑战。不幸的是，许多教育系统并未提供能让其毕业生蓬勃发展并适应这些不断变化的时代所需的认知和非认知技能。更糟糕的是，一些系统甚至不了解人们对它们的期望。因此，必须向年轻人传授利用技术进步所需的 21 世纪技能，包括技术、社会情感和基础技能。自哥伦比亚新学校模式建立 30 多年以来，这一目标一直是该模式的核心使命。一些研究发现，从基础技能开始，该模式甚至可以提高不同国家最贫困学生的读写能力和计算能力。同样，新学校模式鼓励发展非认知技能，如自主和反思性学习、自尊、创造力、公民和民主价值观及有利于合作和团结的态度。

大量实证证据表明，不论在农村还是城市环境中，中小学教育中系统地实施学校组织管理和教育教学的新学校模式具有积极的影响（至少马尼萨莱斯、波哥大的经验如此）。

图 9.6 显示了 TIMSS 2007 四年级的测试结果，证明实施复式教学的学校可以取得比完小更好的成绩。在格鲁吉亚、立陶宛、亚美尼亚和哥伦比亚等国家，相当数量的学生确实比完小的学生获得了更高的成绩（Kevin MacDonald，2009）。

根据全世界实施新学校模式的经验，可以得出结论，有效的参与式和协作式学习是一项复杂的工作，实施效果受当地文化的严重影响。该模式需要根据当地条件进行调整，并需要针对项目实验学校和其他利益相关者持续开展意识理念培训和激励活动。以越南为例，为成功实施新学校模式，开展了一场运动来澄清改革的缘由和目的，解释预期实现的利益，并为所有利益相关者列出在行为上应做哪些改变。哥伦比亚自实施新学校模式之初，就一直鼓励对各级人群的需求开展高质量的研究，以明确最适合当地条件的实施方法。在实施过程中，持续监测工作的成功与失败，这对于改进工作至关重要。实验、评估和调整这一过程（包括试点项目）对于落实学校组织管理和教育教学的改革非常重要。

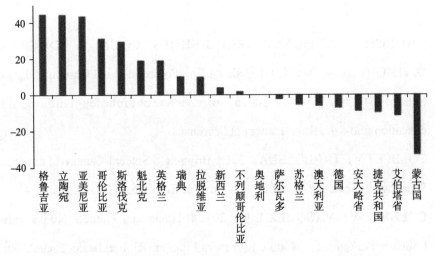

图 9.6 小规模学校复式教学的成就（TIMSS 2007 四年级）

池瑾等学者（池瑾，Colbert V. & Velez E.，2018）在 2018 年的一篇论文中向中国介绍了这个模式，因为他们相信这个模式可能适用于中国，它可以成为改善农村教育的工具，有助于中国培养具有全球意识的新一代公民，培养一支具有在全球市场中获得成功的技能的劳动力。

参考文献

[1] CHURCH OF ENGLAND ARCHBISHOPS' COUNCIL EDUCATION DIVISION, 2014. Working Together : The Future of Rural Church of England Schools [EB/OL]. [2016-10-06] http://www.churchofengland.org/more/education-and-schools/educationpublications.

[2] COLBERT V, J ARBOLEDA, 2018. Bringing a Student-Centered Participatory Pedagogy to Scale in Colombia [J]. Journal of Educational Change, 17（4）.

[3] COLBERT V, VÁSQUEZ L N, 2010a. Hacía una Escuela Nueva para la Calidady la Equidad, Módulo I. Primera Edición [R]. Fundación Escuela Nueva Volvamos a la Gente. Bogotá.

[4] DE BAESSA Y, CHESTERFIELD R, RAMOS T, 2002. Active learning and democratic behavior in Guatemalan rural primary schools [J]. Compare : A Journal of Comparative and International Education, 32（2）: 205-218.

[5] FORERO-PINEDA C, ESCOBAR-RODRÍGUEZ D, MOLINA D, 2006. Escuela Nueva's impact on the peaceful social interaction of children in

Colombia [M]. Dordrecht : Springer.

[6] HAMMLER K, 2018. It's the Implementation, Stupid! Evidence on Improving Learning Outcomes from the Colombian Escuela Nueva Model [R]. Flash Paper, Policy Crossover Center : Vienna-Europe（1）.

[8] JOHNSON D, JOHNSON R, 1989. Cooperation and Competition : Theory and Research. Edina[M]. MN : Interaction Book Co., Boston.

[9] JUAREZ, ASSOCIATES, 2003. The effects of active learning programs in multigrade schools on girls' persistence in and completion of primary schools in developing countries [M]. Girls' Education Monitoring System [R]. USAID/EGAT/ WID.

[10] LINDA M, HARGREAVES, 2009. Respect and Responsibility : Review of Research on Small Rural Schools in England [J]. International Journal of Educational Research, 48（2）: 117-128.

[11] LITTLE A W, 2006. Education for All and Multigrade Teaching : Challenges and Opportunities [M]. Dordrecht : Springer.

[12] MCEWAN P J, 1998. The effectiveness of multigrade school in Colombia [J]. International Journal of Educational Development, 18（6）.

[13] MOGOLLON O, SOLANO M, 2011. Active schools. Our Convictions for Improving the Quality of Education [R]. Washington DC. FHI360.

[14] PARANDEKAR S D, YAMAGUCHI F, RAGATZ A B, et al., 2017. Enhancing school quality in Vietnam through participative and collaborating learning. Vietnam Escuela Nueva Impact Evaluation Study [R/OL].

Washington : The World Bank. [2018-01-20] https://openknowledge.worldbank. org/handle/10986/27882.

[15] PITT J, 2003. Civic Education and Citizenship in Escuela Nueva Schools in Colombia [R/OL]. Toronto : University of Toronto. http://escuelanueva.org/ portal1/images/PDF/Evaluaciones/02_pitt_ing.pdf.

[16] PSACHAROPOULOS G, ROJAS C, VELEZ E, 1993. Achievement Evaluation of Colombia's Escuela Nueva : Is Multigrade the answer?" [J]. Comparative Education Review（37）.

[17] PURYEAR J M, BARRERA-OSORIO F, CORTELEZZI M, 2014. Escuela Activa Urbana. Informae de Evaluacion Externa [R]. Inter-American Dialogue, Washington DC.

[18] SCHIEFELBEIN E, 1991. In search of the school of the XXI century : Is the Colombian Escuela Nueva the right pathfinder? [R/OL] UNESCO-UNICEF, Santiago de Chile. [2017-09-15] https://www.worldcat.org/title/in-search-of-the-school-of-the-xxi-century-is-the-colombian-escuela-nueva-the-right-pathfinder/ oclc/31975991.

[19] USAID. Evaluation of USAID/Peru's Education Program : AprenDes and Cett-Andino [R/OL]. Final Evaluation Report. Washington, DC : US Agency for International Development, 2010. http : //pdf.usaid.gov/pdf_docs/Pdacp962.pdf.

[20] U.S.DEPARTMENTOF EDUCATION,2007.Status of Education in Rural America[EB/OL].http://www.edpubs.org/webstore/content/search.asp.

[21] VELEZ E, CHI J, 2018. Teaching for Success. Teacher Policies in Shanghai

and Lessons for Central America [R/OL]. Inter-American Dialogue/Inter-American Development Bank. [2018-07-11]https://www.thedialogue.org/wp-content/uploads/2018/06/SHANGHÁI_ENG_7.16_FINAL.pdf.

[22] 白亮，万明钢，2011."经济理性"还是"价值公平"：农村学校布局调整政策的去向分析 [C]. 东北师范大学农村教育研究所.2011 年农村教育国际学术研讨会. 长春：东部师范大学，203-208.

[23] 陈洋，2018. 基于循环经济下的西北农村学校建筑节能减排模式研究 [M]. 北京：中国建筑工业出版社.

[24] 陈友华，方长春，2007. 社会分层与教育分流——一项对义务教育阶段"划区就近入学"等制度安排公平性的实证研究 [J]. 江苏社会科学，（1）：229-234.

[25] 池瑾，COLBERT V，VELEZ E，2018. 改善贫困地区的教学与学习："新学校"模式是备选方案吗？基础教育，15（2）：25-34.

[26] 杜玲玲，2018. 中小学生学校生活满意度及其影响因素分析. 教育科学研究 [J]，（6）：58-63.

[27] 范先佐，郭清扬，赵丹，2011. 义务教育均衡发展与农村教学点的建设 [J]. 教育研究，（9）：34-35.

[28] 付卫东，董世华，2017. 当前美国支持小规模学校的重要举措及对我国的启示 [J]. 外国中小学教育，（7）：40-43.

[29] 姜振栋 张旭，2015. 底部攻坚：实现农村小规模学校的振兴 [J]. 学术论坛，（10）：166.

[30] 雷万鹏，张雪艳，2014. 农村小规模学校的资源配置与运行机制调查 [J]. 人

民教育，（4）：29-32.

[31] 雷万鹏，张雪艳，2011. 论农村小规模学校的分类发展政策 [J]. 教育研究与实验，（6）：8.

[32] 李丰，崔文静，2018. 试论学校教育装备管理的若干问题 [J]. 中国教育技术装备，（4）：10-11.

[33] 李介，2014. 国外小规模学校布局调整问题及对我国的启示 [J]. 当代教育科学（21）：33.

[34] 李梦楠，贾振全，2014. 社会网络理论的发展及研究进展评述 [J]. 中国管理信息化，17（3）：133-135.

[35] 李跃雪，邬志辉，2016. 城镇化背景下乡村教育发展策略：国际经验与启示 [J]. 比较教育研究，（3）：15-19.

[36] 梁雪峰，乔天文，2006. 城市义务教育公平问题研究——来自一个城市的经验数据 [J]. 管理世界，（4）：48-56.

[37] 刘善槐 史宁中，2011. 农村小规模学校学生学业成绩问题研究——以西南某县为例 [J]. 中国教育学刊（4）：17-20.

[38] 牛倩，2014. 西部农村地区小规模学校发展的作用、问题及对策研究——基于甘肃省 H 县的调查分析 [J]. 西北成人教育学院学报（4）：117-120.

[39] 冉新义，2016. 农村小规模学校"互联网＋同步课堂"教学模式研究 [J]. 教育探索，（11）：35-39.

[40] 任春荣，2015. 城镇化进程中教学点问题与建设策略 [J]. 华中师范大学学报，54（4）：145-153.

[41] 任春荣，2018. 办好农村学校让乡村美在内涵 [EB/OL]. (2018-05-02)

[2018-05-10] http://www.moe.gov.cn/jyb_xwfb/moe_2082/zl_2018n/2018_zl31/201805/t20180502_334811.html.

[42] 任春荣，左晓梅，张文静，2018-09-25. 乡村小规模学校办学标准需加快制定 [N]. 中国教育报（第 4 版）.

[43] 商培荣，练飞，2018. 新乡村教育的应有之义——浙江省景宁畲族县农村自然小班化教育的探索历程与经验 [J]. 中国民族教育，（12）：28-30.

[44] 唐伟，2017-11-09. 教育装备"以租代建"是一种有益尝试 [N]. 中国教育报，（2）.

[45] 王海英，2010. 农村学校布局调整的方向选择——兼谈农村学校"撤存"之争 [J]. 东北师大学报（哲学社会科学版），（5）：156-157.

[46] 王路芳，沈文琴，石艺，等，2014. 农村小规模学校生存现状与发展策略研究——基于全国 20 省区农村小规模学校的调研 [J]. 教育导刊，（2）：13-16.

[47] 韦妙，2016. 农村小规模学校信息化发展的困境与出路——基于湖北省八市的实证调查 [D]，湖北：华中师范大学.

[48] 吴春霞，王善迈，2008. 阶层差距与义务教育公平问题研究——来自北京市初中的经验数据 [J]. 教育与经济，（4）：1-5.

[49] 徐玲娇，2018. 小学家校合作现状与优化策略研究——以扬州市某小学为例 [D]. 扬州：扬州大学.

[50] 杨东平，2016. 中国农村小规模学校发展的价值及方向 [J]. 中国农村教育，（2）：27-28.

[51] 杨永双，2010. 农村中小学班班通应用现状的调查与分析——以重庆市武隆县为例 [J]. 中国电化教育，（9）：64-65

[52] 杨永贤，罗瑞，杨晓宏，2009.宁夏南部山区农村中小学远程教育资源教学应用调查[J].电化教育研究，（6）：94-95.

[53] 于海英，秦玉友，2012.城乡教育一体化视域下农村小规模学校问题研究[J].现代教育管理，（11）：24-28.

[54] 张雪艳，2012.农村小规模学校发展政策研究[D].武汉：华中师范大学.

[55] 张胤，唐晓娟，2000.对社会分层与教育分层若干问题的研究[J].教育探索，（3）：31-32.

[56] 章婧，王鑫，2010.小规模学校更具优势：来自西方的经验[J].上海教育科研，（10）：42-45.

[57] 赵丹，范先佐，2012.国外农村小规模学校研究综述[J].外国教育研究，（2）：100-101.

[58] 赵丹，吴宏超，2012.全球视域下农村小规模学校作用的重新审视[J].教育发展研究，（3）：29.

[59] 赵丹，2012.国外农村小规模学校研究综述[J].外国教育研究，（2）：98-99.

[60] 赵丹，范先佐，2014.促进教育机会均等：澳大利亚农村小规模学校发展策略及启示[J].现代教育管理，（3）：115-119.

[61] 郑雅萍，2015.新城镇化下我国农村小规模学校存在的问题及解决途径[J].创新科技，（7）：51-53.

[62] 中国教育科学研究院国际比较研究所，2014.国外教学点建设经验[R].北京：中国教育科学研究院.

[63] 左晓梅，2017.赴日本实地调研农村小规模学校状况报告[R].北京：中国教育科学研究院，（10）.